JEHAN DE LA CHESNAYE

L'HÉBERGEMENT-ENTHIER

ET LA

SEIGNEURIE DU BOIS-DE-CHOLLET

HONORÉ D'UNE PLAQUETTE D'ARGENT

AU CONCOURS DES CONFÉRENCES POPULAIRES 1902

(Extrait de la Revue du Bas-Poitou).

VANNES

IMPRIMERIE LAFOLYE FRÈRES

1905

JEHAN DE LA CHESNAYE

L'HÉBERGEMENT-ENTHIER

ET LA

SEIGNEURIE DU BOIS-DE-CHOLLET

HONORÉ D'UNE PLAQUETTE D'ARGENT

AU CONCOURS DES CONFÉRENCES POPULAIRES 1902

(Extrait de la Revue du Bas-Poitou).

VANNES

IMPRIMERIE LAFOLYE FRÈRES

1905

L'HÉBERGEMENT-ENTHIER

ET LA

SEIGNEURIE DU BOIS-DE-CHOLLET[1]

*(Honoré d'une plaquette d'argent au Concours
des Conférences populaires 1902).*

-----◄○❀○►-----

A. M. LE Dr MIGNEN,
l'historien de la baronnie de Montaigu.

L'HÉBERGEMENT-ENTHIER ou ANTIER (*De Herbergamentis*, d'après le Grand Gautier) tire son nom « du verbe héberger qui signifie recevoir, loger, donner retraite, *hospitio excipere*. Il s'y joint aussi l'idée de campement et de tente d'armée (2) ». L'Hébergement, en effet, se trouvait sur la voie romaine passant par le Luc et se rendant à Saint-Georges-

[1] Le mérite de ce travail et l'intérêt qu'il peut présenter reviennent à M. le Dr Mignen, le savant historien de la baronnie de Montaigu, qui nous a communiqué beaucoup de documents et aidé de ses conseils éclairés. Nous tenons à lui témoigner publiquement toute notre gratitude. Nous remercions également M. P. Boutin, curé de Saint-Etienne-du-Bois, notre excellent ami Amand Boussonnière. MM[mes] Echasserieau, Dabreteau : M. M. P. Amiaud, Brenon, Bolteau, Grelier, Chapleau Florent qu'ont bien voulu nous confier les vieux actes dont ils étaient détempteurs. Nous y avons trouvé des choses parfois très intéressantes qui ont, en outre, le mérite de l'inédit.

[2] *Notice sur le bourg de l'Hébergement-Entier suivie des concessions de foires et marchés*, par Dugast-Matifeux : *Revue des Provinces de l'Ouest*, 4ᵉ livraison, décembre 1885. *Echos du Bocage vendéen*, année 1885, nᵒˢ 4 et 5.

de-Montaigu, autrefois *Durinum* ou *Durivum*. Ce devait être une *mansio* ou poste militaire, défendue par un fossé. M. Dugast-Matifeux avait prétendu que le mot *Entier* était un simple attribut, les découvertes de M. Marchegay changèrent son opinion à ce sujet. « Mon siège était plus que fait, écrit-il en note, c'est à dire qu'on allait mettre sous presse et tirer cet article, lorsque nous apprîmes de notre autre collaborateur Marchegay, ancien archiviste de Maine-et-Loire, que le nom d'*Antérius* se trouvait mentionné dans des chartes relatives au prieuré de Mortagne et de Treize-Vents (voir ses *Cartulaires du Bas-Poitou*, p. 216 et suiv.). Cette circonstance que nous ignorions, corrobore encore beaucoup le sentiment de Fillon que partagent d'ailleurs Marchegay et Bizeul de Blain. Que faire seul contre trois quand on n'est point un Horace ?.. Dans ce système de nom propre, d'autant plus admissible qu'il s'appuie sur des textes, tandis que celui d'attribut consiste surtout dans la logique des mots tels qu'ils sont orthographiés ; dans ce système donc, l'Hébergement devrait au moyen-âge, sinon son origine, du moins sa dénomination actuelle, qui serait purement et simplement synonyme de demeure ou manoir d'Antier, le premier ou le plus qualifié d'entre ses premiers seigneurs. »

Le boy de L'Herbergement Anthier ou Enthier, depuis Bois-Cholet ou Bois-Chollet, de la paroisse du même nom relevait de la baronnie de Montaigu à foy et hommage lige (1),

----

1 « L'hommage simple se fait sans ligence quelconque et l'hommage-lige emporte sujétion de personne et de seigneurie. Un vassal n'est censé détenir à hommage-lige de son seigneur, sinon pour raison de l'héritage que son seigneur lui a, de sa grâce octroyé et imparti, pour féodalement le tenir de lui en ligence sans dicelui héritage exclure, réserver, ni excepter aucune chose hors de l'hommage, et ce en faisant devient le vassal homme-lige de son seigneur. Auquel par ce moyen sont sujettes deux choses : la première, c'est la personne du vassal qui est à cette foi liée, car l'homme-lige selon la vraie interprétation de la ligence est quasi en servitude, comme lié au sujet à observer l'égalité ; la seconde est l'héritage que libéralement le seigneur octroie à son vassal, quant à la seigneurie utile seulement, car le seigneur féodal retient à lui la directe seigneurie du dit héritage. » (Jean Bouchet, *Annales d'Aquitaine*, p. 264 de l'édition de 1644.)

à ligence de quarante jours de garde et à treize deniers de rachats à l'aumosnier de Montaigu.

M. Dugast-Matifeux, qu'au cours de ce travail nous citerons souvent, prétend que l'étymologie de Bois-Chollet « provient d'un lieu boisé qui fut essarté pour cultiver des choux par un très ancien seigneur du fief, grand amateur de ce précieux légume, dont il dut recevoir le nom ». Rien ne s'opposerait aussi à ce qu'un Chollet, propriétaire du castel, à l'imitation d'Antier, lui eût donné son nom.

D'après le *Chartrier de Thouars*, le plus ancien seigneur connu à la fin du XIVe siècle serait Pierre Richart, mais la famille des Bouschaux ou Boucheaux, ainsi que l'indique le document suivant, est plus ancienne encore.

« Sachent tui présens e avenir que en notre cort Gin (Guy) viconte de Thoars personaument establie en droict Pernelle, fille feu Jofrey Mathezaz, quenut et confessa que ale se tient bien par paé par lé et par ses heirs de totes les choses que mon ser Jofrey do Bochau, chevalier, on autre par son nom a heu et receu de Elène de Latre, et doz chozes à la dite Pernelle do temps trépassé jusque a la date de ceste présente lettre seit de ble òu de vin on deners ou de rendes on de q. ques autres chozes que ceu fust. E en clema en notre cort de la dite Pernelle per sei e per sez heirs le dit chevaler e ses hers quytes a toz jors de tot en tot des chozes desus dites et promist par la fei de sou cors donée en notre cort la dite Pernelle, e sus l'obligation de toz ses biens mobles et non mobles presens et a venir per sei ne per autre per nulle raison et de ceu fust la dite Pernelle jugée à sa requestre par le jugement de notre cort. Ceu fut faict le mardi avant la feste Saint-Vincent en l'an de grace mil dos cens quatre vingt un[1]. »

---

[1] « Sachent tous présent et à venir qu'en notre Cour, pour Guy vicomte de Thouars, personnellement établie en droit Peronelle, fille de feu Geffroy Mathezaz, connut et confessa qu'elle se tient pour bien payée, pour elle et ses héritiers, de tout ce que mon sieur Geffroy des Boucheaux, chevalier, ou autre en son nom, a eu et reçu de Hélène de Lastre des choses dues à la dite Péronelle, jusqu'à la date des présentes lettres soit en blé ou en vin, ou en

En 1384 et 1385, les 6 et 7 mars, Amaury des Bouschaux est châtelain de Bois-Chollet; en 1396, le 26 novembre, en 1400 le 20 avril, en 1405 le 5 septembre, c'est Jehan Chollet. Puis viennent en 1415, le 1er janvier Rose Les Bouschaux ; en 1429, le 12 janvier, Jehan Chollet qui rendit un aveu à Monseigneur de Belleville et de Montaigu ; en 1467, le 12 août, Maurice de la Boucherie ; en 1471, le 10 février, Marguerite Chollet ; en 1502, le 24 mars, Jean Chollet; en 1494 et 1511, Jehan de Chabot, seigneur du boys de L'Hébergement[1].

« Loys de Rorthays, escuyer sieur de la Rochette en Beaulieu (sous la Roche), qui fut fils aîné de Jacques et de damoiselle Catherine Meschin, épousa Jehanne de Cholet.

« D'un acte passé le dixième jour de septembre 1519 devant Jacques Bonussier et A. Francheteau, notaires à la cour de Montaigu, il appert que par le traité de mariage fait et accompli de noble homme Loys de Rorthays, escuyer seigneur de la Rochette, et de Jehanne de Cholet damoiselle sa femme, a été par Jehan de Cholet escuyer seigneur du Boy et de L'Herbergement-Anthier promis bailler auxdicts conjoincts pour le droit mobilier de la dite Jehanne qui pourroit lui advenir par le décès dudit Jehan de Cholet la somme de cent escus soleil, à présent ayant cours et pour avancement des successions à elle appartenant tant paternelles que maternelles la somme de vingt livres tournois de rentes, le dit Cholet désirant soy descharger de la dicte promesse faicte aux dits conjoints.

<hr>

rente ou en quelque autre chose que ce fut. En notre cour la dite Péronelle déclara, pour elle et ses hérétiers, le dit chevalier et ses héritiers, quittes à toujours de tout en tout des choses dites ci-dessus, et promit par la foi de son corps donnée en notre cour et sur l'obligation de tous ses biens meubles et immeubles présent et à venir de ne jamais venir, par soi ni par autre, ni pour aucune raison à l'encontre de la présente quittance. Et de ce fut jugée la dite Péronnelle par jugement de notre cour à sa requête. Fait le mardi avant la fête de saint Vincent, l'an de grâce 1281. »

(*Annuaire de la Société d'Emulation de la Vendée*, 8ᵉ année 1861-62, pp. 205 et 206).

[1] *Communication de M. le Dʳ Mignen.* Les dates ici indiquées sont celles des aveux rendus aux seigneurs de Montaigu.

« Ceux-ci confessent avoir eu et receu avant ces heures la somme de sept vingts livres, et pour le reste montant à cinquante livres le dict de Cholet a promis payer quand l'en sera requis » (*Généalogie des de Rorthays* communication de M. le Dr Mignen.)

Dans la première moitié du XVIe siècle, Guyonne de Cholet, descendante des Cholet dont la famille était tombée en quenouille, épousa Roland de la Boucherie « cappitaine de cent chevaulx légiers » qui, en récompense de sa fidélité à la religion catholique en ces temps troublés[1], reçut du roi Charles IX, une concession de foires et marchés francs à l'Hébergement-Enthier[2] (1569) :

« Charles, par la grâce de Dieu, roy de France » à tous présens et advenir salut. Nostre amé et féal chevalier de nostre ordre, le seigneur de Bois-Chollet et de l'Hébergement-Enthier cappitaine de cent chevaulx légiers, nous a faict dire et remonstrer qu'il est propriétaire de la terre, justice et seigneurie de l'Hébergement enthier, sictuée et assize en nostre bas pays de Poictou, laquelle est assize en bon pays, habondant et fertile en blez, vins, bois, passaige de bonne estendue et qui a ung bon nombre de vassaulx ; de sorte qu'il seroit grandement

---

[1] Voici la liste des 36 châteaux et places-fortes et les deux villes qui furent prises en 1588 par le duc de Nevers, sur les protestants du Bas-Poitou :

« 1° Le chasteau de la Curse, 2° la maison de Bouille, 3° le chasteau de Montfermier, 4° le chasteau de la Garenne, 5° le chasteau de Beaurepaire, 6° Buignon-L'Estang, 7° les maisons du Parc Soûbise et Vandrene, 8° le chasteau de Boisficher, 9° la maison du Dore, 10° le chasteau de la Vadielle, 11° la Boucherie des Landes-Genusson, 12° le chasteau de l'Estang, 13°)es Bouillières (en Boufféré), 14° *le Hallay* (id), 15° la Ville-Mère (Villemère), 16° les Cormères (L'Ecorneuse), 17° la Drouillère, 18° la Boutaclière, 19° la Douymère, 20° la maison de Saint-Estienne, 21° la Roussière saint-Denis, 22° le Chastenay, 23° la Vandalier, 24° la Mussetière (en Saint-Hilaire), 25° la Bouguenieu (id.), 26° l'Estang (en Chavagnes), 27° la Gracière (id), 28° L'Huilière (id.), 29° *la Chabotière* (Chaboterie), 3 ° la Forte-Escuière, 31° la Raslière, 32° la Boucherie de Saint-Fulgent, 33° la Goyère en saint Georges, 34° la Chefretière, 35° la Limosinière, 36° le chasteau de la Forest-sur-Sèvre, ordonné estre rasé ; plus les villes de Mauléon (Châtillon-sur-Sèvre) et de Montaigu.

Extrait des *Mémoires du duc de Nevers*, Louis de Gonzague (*Echos du Bocage vendéen*, 5e année n° 3).

requis, pour le bien, proffict et commodité non seulement du dict sieur de Boischollet et de sa dicte terre et subjectz, mais aussi de tout le pays circonvoisin, qu'il y eust establissement de foires en icelle terre et seigneurie de l'Hebergement-enthier ce que le dit sieur de Bois-Chollet nous a très humblement faict suppléer et requérir luy voulloir octroyer et accorder *Scavoir Faisons* que nous, inclinans libéralement à la supplication et requeste qui faicte nous a esté par aucuns noz spéciaulx serviteurs en faveur dudict seigneur de Bois-Chollet, avons en icelle terre et seigneurie de l'Hebergement-enthier crée, estably et ordonné, ordonnons et establissons, de nostre grace espécial, plaine puissance et auctorité royale, par les présentes, huict foires par chacun an et ung marché, chacune sepmaine, c'est assavoir : la première le jour de l'an, la seconde le jour de Sainct-Paul, la troisième jour saint Mathias, la quatriesme le jour de saint Mexme, la cinquiesme le jour saint Lyonne, la sixiesme le jour saint Léonard, la septiesme le jour saint Roch, la huitiesme le jour saint Martin et les dicts marchez au jour mercredy par chacune des sepmaines de l'année, pour les dicts foires et marchez avoir et faire tenir par le dict sieur de Bois-Chollet et ses successeurs seigneurs en la dicte terre de l'Herbergement-Enthier dorenavant par chacun an et perpétuellement aux susdicts jours. Voulons que tous marchans et autres gens qui les fréquenteront et y afflueront puissent vendre, eschanger et distribuer toutes denrées et marchandises, licites, et qu'ils jouissent de tels ou semblables previlleiges, franchises et libertez dont ilz ont accoustumé de joyr es autres foires dudict pays, et que pour icelles avoir et tenir ledit sieur de Boischollet puisse faire dresser, construire et édiffier halles, essaulx et logis en tel lieu qu'il verra estre affaire propre et convenable pour cest effect, pourveu qu'à 4 lieues à la ronde, aux dicts jours n'y ayent autres foires et marchez. Si *donnons en mandement* par ces mêmes présentes au séneschal de Poictou ou à son lieutenant et à tous noz autres justiciers, officiers et subjectz ou leurs lieutenans présens et advenir et chacun d'eulx en droict soy et si comme à luy appartiendra, que de nos présentes permissions ilz facent, souffrent et laissent le dit sieur de Boischollet, ses hoirs et successeurs seigneurs dudit l'Hébergement-enthier joyr et user plainement et paisiblement en faisant crier et publier les dites foires en lieulx et ainsy qu'il est accoustumé en tel cas, et joyr, lesdits marchans fréquentans lesdits foires desdits previlleiges, franchises et libertez ainsi que dessus est dict, sans en ce lieu faire, mectre ou donner ne souffrir estre faict, mis ou donné aucun arrest, trouble des tourbir ou empeschement, au contraire, lequel se faict, mis ou donné luy avoir esté où estoit, le mettent ou facent mectre incontinant et sans délay à pleyne et entière délivrance et au premier estat et deu ; car tel est nostre plaisir, et affin que ce soit chose ferme et stable à tousjours, nous avons auxdits présents faict mettre scel, sauf en autres choses nostre droict et l'aultruy en toutes. Donné à Collonges les Réaulx, aux moys de décembre l'on de grâce, mil cinq cens soixante neuf et de nostre reigne le neufviesme.

Par le roy DE LAUBESPINE[1].

Avec Philippe de Chateaubriand, sieur des Roches-Baritaud ; Charles Rouault du Landreau, sieur de Bournouveau (Bournezeau) Roland de la Boucherie accompagna le duc de Nevers lors de sa campagne en Bas-Poitou contre les Hugue-

[1] *Revue des Provinces de l'Ouest,* 4ᵉ livraison, décembre 1858.

La tradition qui veut que le seigneur de La Roche-Thévenin aurait joué ses foires contre celles du seigneur de Bois-Chollet n'est pas dénuée de tout fondement. Près de la Guyonnière se trouve le CHAMP DE LA HALLE, et de temps immémorial, il n'existe pas de foire en cette localité.

— Cette note a été écrite depuis longtemps déjà. Il y a quelques mois M. Mignen a découvert l'acte de concession des foires au seigneur de La Roche-Thévenin, ce qui vient justifier la tradition.

La création de 4 foires par an au bourg de la Guyonnière fut établie par lettres patentes du roi en décembre 1565. La première se tenait le second jour de janvier, la deuxième le premier jour d'avril, la troisième le 1ᵉʳ jour de juillet et la quatrième le 1ᵉʳ jour d'octobre. Un marché se tenait en outre le mardi de chaque semaine (*Communication de M. Mignen,* 1902).

nots en 1568. Dans l'acte de concession d'exemption aux Herbiers par Guy de Daillon comte de Lude, on lit qu'en « considération des frais et autres dépenses faites pour le service du roi par les manans et habitans de la paroisse des Herbiers » ceux-ci furent déchargés de la « contribution du magasin pour les gens de guerre à cheval étant audit lieu sous la garde du seigneur du Bois-de-Chollet (Rolland de la Boucherie) ». Cette charge fut attribué aux « manans et habitans de la paroisse de Saint-Michau de Montmarcus et Le Chastelier, de la chastellenie de Châteaumur » (*Revue des Provinces de l'Ouest*, 4e livraison, décembre 1858). Le 10 juin 1594, Roland fut tué par son fils à la sortie dʻ la messe à L'Herbergement.

Ce fils était huguenot, et il fut tué lui-même malheureusenent, bientôt après[1]. »

Après ces terribles drames, Guyonne de la Boucherie, nièce de Rolland, fille unique de Claude écuyer, seigneur de Bois-Chollet et de Françoise Guinebault, épousa René de Chevigné le 23 janvier 1595 et le fief de Bois-Chollet passa dans la famille des Chevigné.

D'ancienne extraction, les de Chevigné, originaires de Bretagne, tiraient leur nom d'une terre située près de Rennes. Leur blason était : *de gueules à quatre fusées d'or posées en fasce, accompagnées de 8 aliàs, 6 besants de même ; ou « de gueules à la fasce fuselées d'or de quatre pièces, accompagnées de 8 besants de même posés 4. 4.* » (Barentin). Dans l'Armorial du Poitou en 1698, Pierre de Chevigné est inscrit par erreur comme portant « *champs d'azur* » et N. de Chevigné a reçu un blason de fantaisie[2].

D'après Beauchet-Filleau[3], la branche de Bois-Chollet aurait eu pour auteur Morin de Chevigné, qualifié de valet, titre équivalent à celui d'écuyer dans un acte de 1298. Il épousa

---

[1] Journal de Denis Genéroux, notaire à Parthenay durant les guerres de Religion, cité par M. Dugast-Matifeux.

[2] Communication de M. le Dr Mignen.

[3] Beauchet-Filleau, *Dictionnaire des Familles du Poitou*, article Chevigné.

Jeanne de Forges dame de l'Essart. La filiation de la famille
s'établit plus tard avec Girard de Chevigné, 1er du nom escuyer
seigneur de l'Essart. Nommé dans des actes de 1370 et 1373,
il mourut en janvier 1407. Il eut un fils Girard issu de Hervet
Chasteigner (les Chasteigner du Poitou). Celle-ci en deuxième
noces se maria avec Hugues Cathus, seigneur de Bois-Cathus.
En 1437, il transigea avec Girard, 2e du nom, écuyer seigneur
de l'Essart et d'Anetz près Ancenis (Loire-Inférieure). A
cause de cette dernière terre, il fut compris dans la Réforma-
tion de la noblesse de Bretagne en 1427. En premières noces,
il épousa Catherine Chastaigner sa parente. Veuf, il recon-
vola avec Isabeau Lecomte au nom de qui et au sien, il rendit
le 12 mai 1431 un aveu à Sevestre du Chaffault (*Généalogie de
Cornulier, 121*). De Catherine Chasteigner il eut un fils Gilles,
chevalier seigneur de l'Essart et d'Anetz qui, lui aussi se maria deux fois. Sa première femme Isabeau Le Voyer lui donna
une fille Anne, mariée en 1462 à François Chaperon écuyer.
Le 10 juin 1456, il épousa en secondes noces Eustache Hay
fille de Jean chevalier seigneur de la Sicaudaye (diocèse de
Nantes). Le fils de Gilles de Chevigné et de Eustache Hay,
René seigneur de l'Essart et de la Sicaudaye — il tenait ce
dernier fief de sa mère — se maria le 2 juillet 1505 à Renée de
l'Espronnière (elle est appelée Marie dans le mémoire de 1774)
fille de François de l'Espronnière, écuyer seigneur de la Sori-
nière, La Roche-Bardoul et de Jeanne de Sanzay. Ils eurent
un fils, Artus, mort après 1554, écuyer seigneur de l'Essart
et de la Sicaudaye qui en 1543 fut seigneur de Varades. De
son mariage avec Marie de la Touche de Kérimel naquit
Christophe de Chevigné, chevalier seigneur de la Sicaudaye
et d'Anetz, chevalier de l'ordre du Roi. Le 28 juin 1550, il
épousa Claude Le Bouteiller qui lui donna deux fils : Artus
dont les derniers degrés (il continua la Branche de la Sicaudaye) d'après l'auteur du mémoire de 1774 ne seraient pas
connus et René de Chevigné qui suit. Le 27 décembre 1599[1],

[1] « Gilles Robin, sieur de la Pesnerie, fermier et greffier de la baronnie

M. de Sainte-Marthe, commissaire en Poitou le reconnut noble. Il mourut le 19 avril 1615 et fut inhumé dans l'église de L'Herbergement. La pierre tombale qui recouvrait son corps est encastrée à gauche de la porte d'entrée de la nouvelle église et porte l'inscription suivante :

Cy Gist le corps de Hault et puissant René de Chevigné seigneur de la Sicaudaye et du Bois de Chollet qui décéda le XIXe jour d'apvril 1615.

A droite et faisant pendant à cette pierre est une autre dalle avec ces mots.

Cy Gist le corps de Haut et puissant messire Roland de la Boucherie chevalier de l'ordre et de Guione de Cholet sa fame et de Guione de la Boucherie, fame de messire René de Chevigné, chevalier vivans seigneur et dame du Bois-de-Cholet et de l'Hébergement-Entier.

« La première de ces dalles porte 4 blasons d'égale grandeur aux 4 coins, et un cinquième plus grand au milieu, surmonté d'un casque avec branche de laurier et traversée par une épée. La seconde décorée aussi d'une épée et d'un casque, offre également cinq blasons, dont le principal au milieu est aux armes de Chevigné. » (Dugast-Matifeux).

René de Chevigné eut deux fils, Christophe de Chevigné, Henri écuyer seigneur de Preigné dont la veuve « demoiselle Louise Louer » fut maintenu dans la qualité de noble par ordonnance de M. de Barentin en date du 24 septembre 1667 (Dans le vu des pièces est énoncé le mariage de Henri de Chevigné avec la dite Louise Louer, daté du 30 juillet 1645.

Henri de Chevigné fonda la branche de la *Grassière*. Henri

de Montaigu, figure comme témoin dans l'acte d'abjuration d'Étienne Vinet, sergent royal de cette cour..... Sur la fin du XVIe siècle et au commencement du XVIIe, il se qualifiait avocat du roy en l'élection de Mauléon, aujourd'hui Châtillon-sur-Sèvre, juge et sénéchal des seigneuries de Bois-Chollet et de L'Herbergement-Entier. » — Dugast-Matifeux, *Echos du Bocage*, année 1885 n° 5,

PIERRES TOMBALES

de René de Chevigné, de Roland de la Boucherie, seigneurs de l'Herbergement
et de leurs femmes.

de Chevigné, écuyer seigneur de Preigné, qui paraît avoir été
fils de René et de Guyonne de la Boucherie, décéda avant
1667 » (BEAUCHET-FILLEAU). H. de Chevigné fut marié le 30 janvier 1645 à Louise Louer laquelle fut inhumée en l'église de
Chavagnes-en-Paillers, le 30 novembre 1667. Ils eurent pour
enfants à Chavagnes-en-Paillers le 6 février 1646 MARIE (parrain Haut et puissant Racodet ? escuyer sieur de la Guilmandière, marraine damoiselle Esther Gazeau, dame de la Vezinière) ; — le 10 juin 1648, HÉCTOR (parrain, Haut et puissant
messire Hector de Beranger, escuyer sieur de Sonneville,
marraine, damoiselle Suzanne Prévost dame de la Guischardière); — 18 mars, 3 avril 1652[1], HENRY (parrain, messire Henry
Fumée, chevalier seigneur de la Grassière, marraine, damoiselle Marie Viaudet, épouse d'Alexandre La Heu, seigneur
du Coing (La Rabatelière) et de la Brunière.

Henri de Chevigné, escuyer, sieur de la Surie inhumé en
l'église de Chavagnes-en-Paillers le 28 octobre 1724 (74 ans),
décédé à la Permoulière, épousa en premières noces Marguerite Fumée (morte en sa maison de la Grassière, le 28 mai 1702
et inhumée en l'église de Chavagnes le lendemain) et en secondes noces Louise de la Dive. Du premier lit il eut PHILIPPE,
écuyer seigneur de la Surie, marié à Jeanne Olive de la Dive ;
du 2e à Chavagnes en Paillers 18 octobre, 2 novembre 1677,
(RENÉ, parrain, messire René de Vaugirard, escuyer sieur de
Lorgerie, marraine damoiselle Marie Louer) ; — le 26, 31 octobre 1678 LOUISE (parrain, messire Armand Charbonneau
chevalier seigneur de la Fortescuyère, marraine, damoiselle
Louise Louer) ; elle se maria à Bertrand d'Ordreville fils de
Léon seigneur d'Ordreville et de demoiselle N... Fromentin
de la paroisse de Sainte-Flaive. Il mourut au Bruleau de
Chavagnes le 5 février 1719 (36 ans). Ils eurent à Chavagnes
le 18 novembre 1716, JEAN-BAPTISTE (parrain, messire Jean-
Baptiste La Heu, seigneur de la Brunière, marraine, demoi-

---

[1] Ces deux dates indiquent celle de la naissance et celle du baptême de
l'enfant.

selle Michelle-Thérèse La Heu sa sœur) — 1717, 19 octobre
Louise (parrain, messire Pierre de Chevigné seigneur de la
Limonnière ; marraine,dame Marie Jobard,épouse du parrain).
Louise de Chevigné mourut à Chavagnes le 19 septembre
1752 (75 ans); — le 13 mai 1680, Marguerite-Perrine(parrain,
noble homme Pierre Charbonneau, marraine Catherine-Char-
lotte Darrot. Elle se maria à Chavagnes le 8 février 1712 à
Jean-Baptiste La Heu, sieur de la Brunière qui mourut au
Coing (paroisse de Saint-André-Goule-d'Oie et fut inhumé en
l'église de Chavagnes le 6 juin 1737). J. Baptiste La Heu était
fils de noble homme Alexandre La Heu, sieur de la Brunière,
et de damoiselle Louise de Maucourt.

Perrine-Marguerite, — qui fut inhumée en l'église de Chavagnes-en-Paillers sous le banc de la Brunière au-devant de
l'autel de Saint-Sébastien le 4 avril 1717, âgée de 55 ans, — eut
une fille Jeanne-Madeleine née à Chavagnes-en-Paillers le
22 décembre 1745.

Pierre de Chevigné, écuyer seigneur de La Limonière
épousa à Chauché, le 27 septembre 1688, Marie Philotée Ré-
gnier. A ce mariage furent présents Henri de Chevigné, escuyer seigneur de la Suerie et Charles Regnier, seigneur de
la Pitière (Pierre de Chevigné fut inhumé en l'église de Chavagnes-en-Paillers, droit devant la chaire le 5 avril 1721
(73 ans). Ils eurent 18-19 mars 1690 : Marie-Madeleine (parrain, messire Henri de Chevigné escuyer sieur de la Salmon-
dière, demeurant au *Bois-Chollet* ; marraine, dame Marie The-
vénin demeurant à la Limouzinière). Cette Marie-Madeleine
se maria le 25 septembre 1705 à Paul-Alexandre de La Fontenelle, seigneur de la Violière lequel décéda à la Copechagnière le 1er février 1709, puis se remaria à la Rabastelière,
le 21 mai 1710 à Philippe-Auguste Bruneau, escuyer seigneur
de la Giroulière.

René de Chevigné, écuyer sieur de la Grassière, qui vendit
des droits de fiefs le 14 septembre 1726, mourut à Chavagnes
le 31 août 1746, âgé de 70 ans (Beauchet-Filleau écrit le 2 sep-

tembre 1746). Il épousa le 16 avril 1703 Marie Saulnier, fille
de Michel et de Marie Cirotot (Cicotot?) Ils eurent à Chavagnes en Paillers, 8, 9 janvier 1705, RENÉ (parrain noble
homme, homme Georges Saulnier, sieur de la Tournellière,
marraine damoiselle Marie Cicotot ; 25, 26 février 1706, MARIE-
MARGUERITE-RENÉE (parrain, messire François Saulnier, marraine, damoiselle Marguerite-Perrine de Chevigné ; — 30,
31 août 1707, PAUL-ALEXANDRE (parrain, messire Paul-
Alexandre de la Fontenelle, seigneur de la Viollière ; marraine,
dame Marie-Magdeleine de Chevigné son épouse. Celle-ci fut
inhumée en l'église de Chavagnes en-Paillers le 11 septembre
1707 ; — 9 avril 1710, LOUIS-SAMUEL (parrain, messire Samuel
des Granges de Surgères, escuyer seigneur de la Fouchardière ; marraine, demoiselle Marguerite-Perrine de Chevigné).

René de Chevigné, escuyer seigneur de la Grassière, se
remaria le 18 mai 1709 à Nantes à Marie-Anne Viaud, fille de
Pierre et de Anne Chesneau. De ce second lit, 18 enfants
à Chavagnes :

RENÉE-PERRINE-LOUISE (parrain, messire Pierre Viaud,
escuyer, sieur du Pée ; marraine, dame Louise Viaud ; — 1712,
14 septembre, PIERRE-LOUIS-ISRAËL (parrain, messire Pierre-
Louis Gazeau de la Brandonnière, chevalier seigneur du
Ligneron, Saint-Fulgent et autres lieux ; marraine dame Israé-
lite Mauclerc de la Ferté dame de la Chardière) fut inhumé
en l'église de Chavagnes en Paillers le 8 octobre 1731, 19 ans),
qualifié « de la Martelière » ; — 1714, 24 août ANNE-YACINTHE-
PÉLAGIE (parrain, messire Pierre de Chevigné, chevalier seigneur de la Limonnière ; marraine, dame Anne Yacinthe de
Boisjourdain, dame de l'Ulière) ; — 1715, 15 septembre Jo-
LEPH-CHRISTOPHE-ALEXANDRE (parrain, Thomas Trottin et
marraine, Marie Piveteau, choisis pour parrain et marraine
« par vœu d'humilité, tous deux étant pauvres, pour la con-
servation de l'enfant ») ; — 1716, LOUIS (parrain, messire
Pierre-Louis de Chevigné, seigneur de Grassière, frère de
l'enfant ; marraine, damoiselle Marie-Magdeleine de la Fonte-

nelle); — 1718, 20 janvier FLORENT-PIERRE (parrain, messire Pierre Bruneau, chevalier marquis de La Rabastelière, vicomte de la Jarrie, seigneur de Chavagnes; marraine, dame Marie-Florence Gazeau de la Brandonnière, fille de messire Pierre-Louis de Ligneron); — 1719, 14 janvier HENRY-RAYMOND (parrain, messire Henri de Chevigné, chevalier seigneur de la Surie, marraine, dame Louise Buor, dame du Pée; — 1720, 12 mars MARIE-HENRIETTE (parrain messire René de Chevigné; marraine Marie-Henriette Thenonneau). Elle mourut à Chavagnes, le 5 août 1728; — 1721, 20 septembre, HENRI-RENÉ-PHILIPPE (parrain Philippe-Auguste Bruneau, chevalier seigneur de la Giroulière; marraine, damoiselle Henriette-Louise Tinguy), inhumé en l'Eglise de Chavagnes le 30 septembre 1721; — 1722, 18 novembre MARIE-THÉRÈSE (parrain, messire Pierre-Gabriel de Suzannet, chevalier seigneur de la Chardière, marraine, damoiselle Marie-Thérèse de Chevigné de la Grassière; — 1729, 9 février FRANÇOISE-RENÉE (parrain, messire René de Chevigné de la Grassière; marraine, demoiselle Marguerite-Thérèse de Chevigné de la Grassière) ; — 1723, 17 février CHARLES SÉRAPHIN (parrain, messire Charles-Séraphin Dardot, seigneur de l'Ullière, marraine, damoiselle Marie-Magdeleine Bruneau); — 1727, 10 avril CHRISTOPHE (parrain, messire Samuel de Granges de Surgères, chevalier seigneur de la Fouchardière; marraine, dame François Sapinaud, dame de la Fouchardière, épouse du parrain), mort à Chavagnes en Paillers, inhumé dans l'église au-devant de l'autel de la Vierge, qualifié seigneur de la Martelière, lieutenant au régiment de Fontenay-le-Comte, le 25 février 1652 (24 ans); — 1728, 3 décembre ANNE-FRANÇOISE-AIMÉE (parrain, noble homme François Jagueneau ; — 1730, 20 février PERRINE ROSE (parrain, messire Louis de Chévigné, marraine demoiselle Perrine Bruneau), inhumée dans l'église de Chavagnes, le 6 avril 1830 ; — 1732, 25 janvier, LOUISE-MAGDELEINE (parrain, messire Joseph-Alexandre de Chevigné; marraine, demoiselle Louise Jagueneau). Elle mourut le 9 février 1732.

Pierre de Chevigné, escuyer seigneur de La Limonière, épousa à Chavagnes le 2 avril 1710, Marie Jobard qui fut inhumée, étant veuve, en l'église de Chavagnes dessous la chaire, le 25 mars 1745 (60 ans).

Joseph-Cristophe-Alexandre de Chevigné, seigneur de la Grassière, chevalier de l'ordre militaire de Saint-Louis, capitaine des grenadiers au bataillon de Fontenay-le-Comte, fils de René de Chevigné, chevalier seiguenr de la Grassière, et de dame Marie Viaud comparut à l'assemblée de la noblesse du Poitou en 1789. Il mourut à Chavagnes, le 14 février 1792. Il avait épousé à Saint-Fulgent le 26 novembre 1748 Louise-Claire Thomasset, dame de La Bedoutière (Les Brouzils) 1754, fille de messire Antoine Thomasset, seigneur de la Gestière et de dame Marie Sajot, domiciliée paroisse de Saint-Baptiste de Montaigu, morte à Chavagnes le 7 février 1764 à 38 ans. Ils eurent (tous à Chavagnes) pour enfants ; — 1750, 7 mars, Alexandre-Charles-Louis (parrain, messire Charles Royrand, chevalier seigneur de la Roussière ; marraine, dame Marie Viaud, dame de la Grassière, grand'mère paternelle) ; — 1751, 15 mars, Marie-Louise-Félicité (parrain, messire Louis de Chevigné, seigneur de la Permouillière ; marraine, demoiselle Marie-Louise-Claire Thomasset ; — 1752, 18 mars Françoise-Claire-Charlolte-Thérèse (parrain, messire Charles-Alexandre de la Fontenelle, seigneur de la Chabotterie ; marraine, demoiselle Marie-Thérèse de Chevigné, demoiselle de la Grassière) — 1753. 25 février-28 août Louis-Antoine-Augustin-Marie, comte de Chevigné (parrain, messire Louis de l'Escorce, chevalier sgr dudit lieu, marraine, dame Louise-Ollive Thomasset qui épousa Marie-Henriette-Pélagie du Chaffault, fille de Sylvestre-François, comte du Chaffault et de Marie-Françoise-Renée Marin. (Pendant la Révolution, madame de Chevigné mourut dans la prison du Mans). De ce mariage naquirent Pélagie, marié à M. Urvoy de Saint-Bédan et Louis-Marie-Joseph né le 30 janvier 1793, décédé le 20 novembre 1876, auteur des Contes Rémois et de plu-

sieurs recueils de poésies. Il épousa N. Clicquot, dont il eut
MARIE-CLÉMENTINE, mariée le 21 mai 1839 à Anne-Victurnien-
Louis-Samuel, comte de Rochechouart-Mortemart ; — 1754,
1ᵉʳ juin, ESPRIT-BENJAMIN-RENÉ (parrain, messire Alexandre-
Charles de Chevigné ; marraine, damoiselle Renée-Françoise
de Chevigné) fut capitaine au régiment d'Armagnac en 1787
(voir plus loin) ; — 1755, 22 août JOSEPH-ISAAC (parrain, messire Louis de Goué ; marraine, dame Louise Sagot, dame de
La Roussière) ; — 1756, 7, 8 septembre, LOUIS-MARIE-JEAN
(parrain, messire Charles-Alexandre de Chevigné ; marraine,
damoiselle Jeanne Ayrault de la Michellière) : — 1758, 13
octobre, MARTHE-MARIE (parrain, messire René de Belordre
prêtre recteur d'Aigrefeuille ; marraine, dame Catherine Chevé
de Chevigné ; — 1760, 9, 10 octobre, AUGUSTIN-DENIS (parrain, messire Louis-Augustin-Antoine-Marie de Chevigné ;
marraine, dame Pélagie du Chaffault, épouse de M. de
l'Ecorce) ; — 1762, 1ᵉʳ janvier, CHARLES-ESPRIT-SYLVESTRE
(parrain, Esprit-Benjamin-René de Chevigné son frère ; marraine, damoiselle Françoise-Claire-Charlotte-Thérèse de Chevigné, sa sœur) ; — 1703, 2 décembre N..., mort le même jour.
Telle est d'après M. le Dʳ Mignen la filiation de la branche de
la Grassière.

CHRISTOPHE DE CHEVIGNÉ, fils de René de Chevigné, écuyer
seigneur du Bois-Chollet de L'Hébergement-Enthier, le 20
septembre 1624, fut maintenu noble par M. Amelot inten-
dant du Poitou, et le 30 juillet 1630, il reçut de Salomon de
Cailhaut, escuyer seigneur de la Chevratière, y demeurant
paroisse de Saint-André-13-Voies pour certains domaines sis
aux environs de L'Herbergement, un aveu (1) « a foy et a

(1) « Un vavasseur du Bois-Chollet devait conduire, un certain jour de l'année, un cheval blanc au château et le laisser dans l'écurie pendant deux
heures, s'il y fientait dans l'intervalle, le vavasseur pouvait le ramener ;
sinon il était acquis au seigneur-châtelain » (Dugast-Matifeux.)
Certain autre jour de l'année, les vassaux du Bois-Chollet devaient lui ame-

hommage plain et à droict de rachapt (1) à toutes nuances d'hommes changeant de ma part et à ung denier de service annuel rendable et portable par chascun an à la feste de Nouel au Chasteau du Bois-de-Chollet » (2).

Le 20 mai 1638, Christophe de Chevigné rendait à Gabriel de Machecoul, seigneur de Montaigu l'aveu suivant :

« Aujourd'huy, vingtiesme jour du moys de may mil six cent trante huict à l'assignation des hommages généraux de la baronnie de Montaigu tenus en la salle du chateau dudit Montagu a comparu en personne noble et puissant Cristophle de Chevigné seigneur du boy de Chollet et de L'Herbergement-Anthier, lequel a offert à Monseigneur luy faire les foy et hommage lige et plain et droict de ligence de quarante jours par chaicun an pour raison de son hostel et seigneurie de L'Herbergement-Anthier, de la Boucherie et des Chaussées, antérieurement appelées le Bois des Collettes requérant y estre receu de Monseigneur en présence de son conseil et des advocat et procureur de la cour de céans, sans préjudice de son droict et de l'autruy a receu le dit sieur du Boy et de L'Herbergement-Anthier, la Boicelière et les Chaussées dont nous avons octroyé acte et pris de luy le sermant, le livre touché de la main, d'estre bon et fidel vassal de mond. seigneur, tel que les dits hommages le requerrent et ce requerrant le procureur, nous avons condamné le dit sieur du Boys de son

ner, sur une charrette conduite par 6 bœufs, un *rabretaut* (roitelet) couvert de draps.

Pour puiser à la fontaine du Mortais, en les Brouzils, il fallait payer annuellement un chapon.

Etaient exempts de fermage pour une année, ceux qui franchissaient sans tomber à l'eau au moment des grandes pluies, le ruisseau coulant entre Le Mortais et Malleville en les Brouzils.

M. Grellier de Malleville, âgé de 80 ans, possédait l'aveu où ces curieux droits étaient relatés ; il l'a brûlé, il y a quelques années. — D'après son neveu, M. Dominique Rousseau.

(1) C'était un droit de mutation consistant dans le paiement d'une année de revenu quand un vassal mourait.

(2) Aveu à haut et puissant Christophe de Chevigné, sgr du Bois-Chollet et de L'Hébergement-Enthier...

consentement rendre les adveux et dénombrement des choses des dits hommages par le menu confrontz de nouvelles confrontations reprenant les antiennes (anciennes) dans le temps de la coustume à peine de saizi sauf au dit procureur à se pourvoir pour les arrèrages ou debvoirs sy aucuns sont deubs et pour autres hommages ; et acte audit de Chevigné à ce qu'il a dict que ses hommages sont à rachapt à bonny a treize deniers payables à l'aumosnier de Montagu, et acte audit procureur de sa protestation contraire.

Signé : GABRIEL DE MICHECOUL ET CHRISTOPHE DE CHEVIGNÉ (1).

De l'Itinéraire de Bretagne en 1636 (2), nous extrayons les passages suivants :

« De Vieillevigne à L'Abrègement, *rectius et verius* Hébergement-Enthier, il y ha une lieue par à travers Saint-André-de-13-Voyx ou Voyes, petit bourg de *six maisons* assemblées.

En ce lieu de l'Hébergement-Entier, il y ha un bureau des traites foraines, et, c'est Poitou qui commence, viron moitié chemin de Saint-André. C'est un bourg et paroice. A une mousquetade à costé, c'est le chasteau du seigneur de L'Hébergement, dit le Bois-de-Cholet, où est un estang que l'on assèche parfois et laboure, afin que le poisson en soit puis après meilleur. Et les eaux qui le nourrissent ne laissent pas de couler par fossez et rigoles qui sont ès-costez dudit estang, estant nées et issues dans ce maisme quartier... (p. 162).

« Ces années passées, il y avait à Montaigu un bureau establi des commis, des fermiers, des traites foraines (3). Les traites foraines sont celles dont les devoirs se payent en Poitou

(1) Communication de M. le docteur Mignen.

(2) *Itinéraire de Bretagne en 1636* par Dubuisson-Aubenay in Archives de Bretagne, tome X 1902.

(3) L'éditeur a ajouté en *note*, les lignes suivantes : « La traite foraine se percevait sur toute marchandise ; la traite domaniale était une augmentation d'impôt sur le blé, le vin, la toile et le pastel. Toutefois ces expressions ont pu recevoir une autre signification. La traite foraine est l'imposition ou aide levée sur les marchandises qui entrent dans le royaume ou dans une province ou qui en sortent. Voir Glossaire du Droit français par Eusèbe de Laurière. »

et en Anjou, sur les confins de Bretagne et les traites domaniales se paient en Bretagne avant d'en sortir.

« Les commis des traites foraines furent chassés de Montaigu par une querelle et escarmouche qu'ils eurent avec ceux du prochain village de Saint-Hilaire (de Loulay) qui en tuèrent et blessèrent beaucoup. Ils se sont donc contentés de se tenir à L'Hébergement *vulgo* L'Abrègement-Enthier, une lieue de Montaigu vers mer et à la Bruffière de l'autre costé de Montaigu vers terre ; *Item* à Torfou, encor une lieue plus outre, tournant en Anjou où est Torfou ; et enfin à Tuillières (Tilliers) aussy en Anjou. Ils font de grandes exactions et concussions horribles (p. 170). »

La seigneurie de la Roche-Thévenin, en la Guyonnière était vassale de celle du Bois-de-Chollet, ainsi qu'en témoigne le document suivant :

« L'Hotel noble de la Guyonnière avecque ses appartenances de dhous (douves), jardrins, contenant les ditz jardrins de deux septerées de terre on environ et les entrées et yssues, les ditz choses tenant à *foy et homage plain* du sieur du Bois-de-Chollet et à trente solz d'abonny pour tous droicts de rachapt à mutation d'hommes. » (Échange de l'hostel noble de la Guyonnière et autres debvoirs par Pierre du Planty, seigneur du Landreau à Cristofle Thévenin, contre des sommes d'argent en rentes, 3 mai 1636. — Communiqué par M. le Dr Mignen.)

Christophe de Chevigné avait épousé le 16 avril 1635 (Badreau notaire à Montaigu) Renée Lefèbvre, fille de Nicolas seigneur des Marchais et de Renée Bretin. D'après d'autres notes, dit Beauchet-Filleau il aurait épousé en secondes noces Marié Robineau qui le fit héritier en partie de Gilbert Robert, écuyer seigneur de la Martinière. Ses deux fils (il les eut du premier lit) *Henri*, écuyer seigneur de la Psalmondière et *Charles* partagèrent le 7 avril 1672. Dans la liste des seigneurs du Bois-de-Chollet, communiquée par M. le Dr Mignen, si documenté pour tout ce qui concerne la baronnie de Montaigu, *Pierre de*

Chevigné (1653) marié à Olympe Gohau est indiqué comme le frère de *Charles* « chevallier seigneur du Bois-de-Chollet, et de L'Herbergement-Entier demeurant de présent en la maison noble du Hallay, paroisse de Bouffairé ». A la date du 7 août 1662, il arenta « à noble homme Pierre Trochon sieur de la Brosse, maistre apotiquaire demeurant au bourg L'Herbergement-Entier « plusieurs immeubles. Le seigneur se réservait » la féodalité et mouvance aveq la rante noble féodalle et fontière de trois sols tournoys ». L'arentement était fait pour « la somme de vingt et deux livres dix sols tournoie de rante seconde fontière annuelle et perpétuelle et hypoté-quaire » que le sieur Trochon et les siens étaient « obligé bailler et randre annuellement et perpétuellement en la maison du *Bois-de-Chollet*, chascun jour et feste de Saint-Laurent, outre la ditte rante noble de trois sols ». La minutte est signée Charles de Chevigné, Trochon, Marie Gouraud, G. Badreau N^{ore} pour registre Calleau, notaire pour registre (Papiers de M. P. Amiaud).

Charles de Chevigné avait été baptisé le 21 janvier 1653, comme fils de maître Pierre de Chevigné seigneur de l'Herber-gement et de dame Olympe Gohau (Registre Saint-Léonard de Nantes). Par ordonnance du 24 septembre 1667, il fut maintenu en sa qualité de noble et d'escuyer, en même temps que Louise Louet. Il avait épousé le 3 juillet de la même année Gatienne Boux, fille aînée de François écuyer seigneur des Chaulvières et de Renée de l'Espinay.

Le 28 février 1640, pour des planches de terres dans les jardin Royrand (1), il reçut un aveu dans lequel on reconnais-sait devoir « une fourche de biain (corvée) avecque un homme en la saison des faulches pour fener en la grande prée des biains de votre dicte seigneurie du Bois l'herbe estant coupée jusques à ce que le foing soit sec et pour icelluy aider à mettre

---

(1) Le jardin Royand est aujourd'hui la propriété de M. Amiaud.

en mullons » (1). (Archives de l'hôpital de Montaigu, Liasse B. 17. Communiqué par M. Mignen.)

Sur la pièce dite *Ouche du Moulin*, il était dû « 2 deniers de cens, debvoir noble et féodal par chaicun an au terme de Noël, payable à la recepte de la seigneurie du Bois-Chollet ; sur l'*Ouche-Pichet,* pour le jardin Royrand, 12 sols de cens ; sur *les Grandes Routtes*, 5 sols de cens et un chapon. » (1640, 28 fé¹ vrier). — Communiqué par M. Mignen.

Dans l'aveu et dénombrement du fief de la Clerbaudière en la paroisse de la Guyonnière du 6 mars 1646 par Christophe Thévenin, chevalier seigneur de Salydieu (près de Mareuil-sur-le Lay) La Roche-Thévenin, la Guyonnière, etc. à Monsieur messire Gabriel de Machecoul, chevalier seigneur, marquis de Vieillevigne, baron de Montaigu et des Chastellanies de Roche-servière, Grand-Lieu, Bougon, Saint-Estienne, Touvois, Cargrois, Saffré, Vay, Maulves, Le Bois-Rouault, la Cruaudais, Frossay et autres lieux » on lit :

« *Fief de l'Esviaud.* — *Item,* tiens de moy, soubs mondict hommage de Painfault le dit seigneur de l'Auvrenière (François de Fiesques) à cause de sa dicte espouze (Renée de Vaudelle ou Vaudelle) et a foy et hommage et à six sols six deniers de service et debvoir annuel, payable chacun an a ma dicte recepte à chacun terme et feste de Penthecoste, c'est à savoir : sa maison et hostel noble de l'*Esviaud,* en la paroisse de L'Herbergement·Enthier o (avec) ses apartenances, et despendances de maisons, granges, toiteries, fuhies (2), garennes, bois de haulte fustaye et taillis, jardins, vergers, prées, pastys, pasturaux, terres arables et non arables, landes et fruiches, cens rentes et debvoirs par bled, deniers, chapons et autres apartenances et despendances quelconques contenant douze septerées (3) de

---

(1) Aveu à hault et puissant messire Charles de Chevigné, seigneur du Bois de Chollet, L'Herbergement-Entier, de la Psalmondière, des fiefs Cantetière et Boisselière.

(2) Colombier, monté sur quatre piliers et ne portant des boulins (niches) qu'en haut.

(3) Etendue ensemencée avec un setier de grain.

terre ou environ tant gastes que labourables, quinze journaux de pré ou environ, et les vignes des Charpelières, celles des Boischelles et du Charpie, des apartenances du dit lieu contenant cent journaux de vignes des environs situées entre les terres de la Joue, les terres de la Dibondelière, du Chaillou, le chemin entre deux et les terres du Marchay d'une et d'autre part.

« *Item,* tiens de moy le dict sieur de l'Auvrenière, sous le dict hommage de l'*Esviaud* le tenement et apartenance du Verger au tenement dict la *Gaudinière* contenant quatre septerées de terre ou environ tant gastes que labourables, trois journaux de pré en la paroisse des Brouzils, entre les terres du Marchay, hayes entre deux, et celles de la Gaudinière et de la Dibondelière (1) ».

Avant 1646, il était dû au seigneur de la Guyonnière sur la *Cailletière*, 6 boisseaux de froment et en 1646 la *Cailletière* relevàit entièrement du même seigneur et était tenu par Nicolas Fleury, Nicolas Bonnet et Vincent Marchais.

Le 25 mai 1673 eut lieu la seconde tenue d'assises des maisons nobles appartenant à Claude de Gastinayre. *Charles de Chevigné* y fut représenté par Michel Bounin, ainsi que l'indique le document suivant :

« Registre et papiers de la seconde tenue d'assises des maisons nobles, fief, juredection et seigneurie de la Begaudière, Saint-Fulgent, fief Voie-Reau, la Rousellière, la Cailletière et autres en dépendans appartenans à hault et puissant seigneur, Claude de Gastinayre, chevalier seigneur de la Preuille, des maisons, hostel nobles et juredections des chasteaux de la Begaudière, Saint-Sulpice, fief Voie Reau, la Robretière, Les Homeaux, la Chapelle Bretaud et autres places.

« Comparaît par maître Michel Bounin son procureur, messire *Charles de Chevigné*, chevalier seigneur du Bois-de-Chollet et de L'Herbergement-Enthier comme propriétaire de la maison et jardin de la ligence de la Begaudière sceize au bourg dudit Herbergement, du tennement des Bruières-aux-Guinebaudz.

____
(1) Communiqué par M. Mignen.

de la piesse de terre appellée la Grand Vigne du Bois, de la
Bousle, de la mestayrie de l'Esvyaud, d'un pré appelé le Grand
pré, d'un autre pré appelé le Pré sec, de certains domaines
situés au tennement du bourg de L'Herbergement, ceux des
Brethommez quy doibvent à la cour de céans deux boixceau
de froment et trois boixceau segle comme propriétaire du pré
appellé le pré Chantereau et d'une piesse de terre appelée les
Ahayes situées au tennement de la Pichetière.

. . . .

« Comparaît messire Guillaume Bouneau prestre chapellain
de la chappellanie du Bois-de-Chollet *alias* Mathifeu, à cause
de ce qu'il lève ou tient ès-tennement de La Cailletière qui
doit deux deniers » (1).

A propos de ce dernier alinéa, parlons de la chappellanie de
Bois-Chollet et de la cure de L'Herbergement.

Il y avait à L'Hébergement (église) une chapelle dite des
Bouschaux ou de Bois-Chollet. Le seigneur de cette maison en
était le patron. Elle rapportait 60 livres de revenus au titulaire à charge de 3 messes. La fabrique avait pour revenus les
oblations (Pouillé d'Aillery).

D'après le *Grand Gauthier*, L'Herbergement, *Eglise Notre
Dame* avait pour patron l'Evêque. Le prieur de L'Herbergement ne devait pas de droit de visite à ce dernier (*Procuratio-
nem non solvens*).

Au commencement du XIVe siècle, la cure de L'Herbergement devait à l'évêque comme droit de *bisseixt* (bissextile)
c'est-à-dire à chaque année bissextile, une somme de 25 sols.

Le Manuscrit de Luçon 1533-34 indique 5 prêtres : une chapellenie à la représentation du seigneur du Boy ; une stipendie
et une confrérie de la Vierge. M. Mignen a bien voulu relever
et traduire pour nous le passage suivant de ce manuscrit :

« De L'Herbergement le susdit sixième jour de juin de l'an
1533, au lieu des Brouzils se présenta messire *Jacques Davyd*,
prêtre vicaire de l'église paroissiale de la bienheureuse Vierge

(1) Communiqué par M. Mignen.

Marie de *L'Herbergement-Antier* lequel montra ses pouvoirs.

Nom des prêtres : Messire *Pierre Raoullet* recteur absent, Messire *Jacques Davyd* vicaire ; *Mathurin* du Châillou, *Jean Troquereau, André Néau. Antoine Chiron* montra l'inventaire mobilier de la fabrique dont il était l'administrateur ; il lui fut enjoint de faire apposer une fermeture en fer au trésor de l'église et de faire réparer un des côtés de l'église.

« *Pierre Davyds*, administrateur avant lui montra une quittance constatant qu'il avait rendu audit *Chiron* administrateur actuel la somme de quatre livres douze sols tournois : il en fut déclaré quitte.

« Il existe une *chapelle* à la présentation du seigneur du Bois-de-Chollet dont le titulaire est messire *Stéphane Anormault* et qui est desservie par les dits *Chaillou* et *Trocquereau* à la charge de 4 messes par semaine.

Il existe une *stipendie* à la présentation du même seigneur du Bois-de-Chollet dont messire *Stéphane Anormault* est le titulaire et que desservent les dits *Chaillou* et *Trocquereau* à charge de 2 messes par semaine.

« Il existe une *confrérie* de la Bien Heureuse Vierge Marie, dont messire *Jean Trocquereau* est l'administrateur pour une seconde année. *Jean de Chollet*, écuyer seigneur du Bois-de-Chollet est le procureur de la Fabrique. » (*Visite de l'archidiacre Marchant*, volume broché couvert en parchemin et écrit en latin, n° 3270, bibliothèque communale de Luçon.)

Du *Pouillé d'Alliot* 1648 : cure *Lebergamant* : l'abbé de Saint-Jouin de Marnes présente, l'évêque confère. Le prieuré a le même patronage.

Le Pouillé extrait de *Dom Fonteneau* au XVIII° siècle indique que la cure de Notre-Dame de L'Hébergement produit pour l'Evêque qui est patron de 3 à 400 livres de revenus. Il y a 250 communiants.

Le 29 septembre 1719 (1), la chapelle du Bois-de-Chollet,

____

(1) Messire Bertrand Tarteyre prêtre curé de L'Hébergement (actes du 20 juillet 1714 et 13 avril 1720.)

appartenait à M. André Masson ; le présentateur était Gabriel des Nouhes et le collateur Mᵍʳ de Lescure, évêque de Luçon (1). Communiqué par M. Boutin, curé de Saint-Etienne-du-Bois). Il était dû au chapelain de la chapellenie du Bois-de-Chollet, desservie dans l'église du dit lieu 2 boisseaux de froment et 25 livres de miel appréciés 4 sols la livre sur le tennement des Jambardières en Saligny. (Communiqué par M. Mignen.)

Ajoutons, avant de reprendre le récit de l'histoire de Bois-Chollet, que sur une poutre de l'ancienne église de L'Herbergement, actuellement placée dans une toiture appartenant à M. Baudry-Trichet, M. Mignen a relevé l'inscription suivante, ainsi disposée !

```
I  CHAPLEAU        I ♡    FONTENEAU
I  ♡ CHP ☆        ⌒≥ A ♡ HILLEREAU
                   M o  L o i y A u
                             C H E R P
                        ─────────────
                             1805
                           AN 13.
```

Charles de Chevigné, qui vivait encore en 1689, eut un fils *Christophe Rolland*, « chevallier seigneur du Bois-de-Chollet », né le 26 septembre 1678 et baptisé le 7 avril 1688 à L'Hébergement. Pour faits de chasse sur ses terres, il fit informer en 1700 par la maîtrise des eaux et forêts. Le 31 décembre 1706, il épousa Anne de Boisharrant ou Boishorrant, fille de René écuyer seigneur du Bois-Macé.

Par acte du 3 décembre 1708 il vendit à « Maître Pierre Sire, notaire de la Chatellanie de Vieillevigne, demeurant au

(1) Le 15 mai 1710 fut signé le contrat de mariage de Philippe-Auguste Bruneau, écuyer seigneur de la Giroulière, avec demoiselle Marie-Madeleine de Chevigné, veuve de Paul Alexandre des Fontenelles, par lequel il appert qu'il est fils de Tristan Bruneau et de dame Marie Sapineau : Signé Bousseau notaire. (Archives historiques du Poitou, t. 22.) Voir la filiation des Chevigné de la Grassière.

bourg de Saint-André », certains immeubles. L'acquéreur était tenu « aux droits de verrollie (1), four bannal, banc à

(1) Droit de moulin banal, d'après Ducange. Un moulin dans les landes de Corbejau devait « un sols six deniers pour *droit de vent* par chacun an au seigneur marquis de Montaigu d'où le dit moulin relève rosturièrement ». « Le propriétaire était tenu d'en faire les *Certes* et obéissances requises. » (16 avril 1720. Papiers de M. Grellier de Malleville.)

Quel est exactement le sens du mot *certes* ou sertes ? Les avis sont partagés. Godefroy donne au mot *sertes* la signification de devoir féodal. Citant, dans l'*Intermédiaire nantais* du 29 avril 1901, deux extraits d'actes, nous écrivions : « Par acte du 13 août 1720 signé Gautreau notaire royal et de Chevigné du Bois-de-Chollet « le sieur Guy » neveu de feu Mᵣᵒ Bertrand Tarteyre, vivant prêtre curé du dit lieu de L'Herbergement, son oncle » arenta une vigne sise au tennement de la Mitonnière paroisse de L'Herbergement. L'acquéreur « était tenu d'en acquitter pour l'avenir seullement les cens et devoirs deus pour choses arentées... et d'en faire aux seigneurs du Bois-de-Chollet et celui de la Mittonnière (Alexis Augustin Du Chaffaut de la Sénardière) les *Certes* et obéissances requises savoir : au Bois-de-Chollet pour trois cent cinquante livres et au seigneur de la Mittonnière pour cinquante livres... »

Les *Certes*, d'après ce qui précède, auraient consisté dans la déclaration de la *valeur* des terres détenues roturièrement.

Ce qui nous confirme dans cette opinion, c'est un second acte du 30 août 1721, signé Berrieau et Gautreau notaires royaux par lequel l'acquéreur (Mᵉ Jacques Doillard de L'Herbergement-Entier) « s'est aperçeu qu'il y a de l'erreur dans l'*évantillation* qui a été faitte par le susdit contrat (celui du 13 août 1720), en ce qu'il n'y a dans le fief du Bois-de-Chollet que pour la *valleur* de deux cent cinquante livres de dommaines au lieu qu'il en a été mis pour trois cent cinquante livres, de manière qu'il n'en reste au fief du segneur de le Mittonnière pour cent cinquante livres, au lieu de cinquante au dit contrat. »

Dans le numéro du 8 mai 1901, un intermédiariste, se rangeant à notre avis écrivait : « Je crois que le mot « sertes » qu'on a dû primitivement écrire « certes » aurait la valeur de certification. » Il ajoutait : « Il est fort possible que certes et déclaration censnelle soient même chose, bien que l'expression « certes » paraisse extrêmement rare. C'était sans doute une expression toute locale ». (J. S.)

M. le Dᵣ Mignen pense tout autrement. Le savant historien de la baronnie de Montaigu nous avait écrit personnellement à ce sujet, et dans l'*Intermédiaire* du 15 mai 1901, il faisait paraître les lignes suivantes :

« Dans le numéro de votre *Intermédiaire* du 29 avril dernier, on répond à cette question que j'avais posée le 5 avril 1900 que les *sertes* auraient consisté dans la déclaration des terres détenues rôturièrement. »

Il faut ce me semble préférer à cette opinion celle de Du Cange qui définit les *sertes*, le temps de service d'un valet ou d'un apprenti.

Mais en quoi consistait ce temps de service ? La réponse paraît difficile, d'autant plus que le temps de service dû au seigneur pour la possession des terres acquises ou arentées fut transformée en une rétribution pécuniaire

vin (1) et autres charges que le dit seigneur a sur ses vassaux du dit bourg de L'Hébergement en moyenne et basse juridiction (2) suivant les adveux qu'en rend le dit seigneur à son suzerain et qu'il a accoutumé exercer sur ses sujets. » Signé : Musset et Durand notaires royaux. (Papiers de M. Amand Boussonnière.)

Le fils de Christophe Rolland, *Christophe de Chevigné*, se noya

quand le seigneur féodal n'eut plus besoin d'un service personnel. A l'évaluation de ces terres correspondait donc une rétribution pécuniaire proportionnelle et c'est ce qui fait sans doute que dans les actes cités par Jehan de la Chesnaye, on fait une rectification de cette évaluation.

Cette proportionnalité n'en reste pas moins à déterminer.

Quand à l'orthographe du mot *serles*, il faut l'écrire avec un *s*, puisqu'il dérive du mot latin *servilium*. »   (NENGIM).

(1) Banc à vin. Droit seigneurial par lequel il était défendu aux vassau pendant un mois ou six semaines après les vendanges de vendre leur vin. Le seigneur profitait de ce temps pour vendre le vin de son *crù* et celui-là seulement.

(2) « Le seigneur moyen justicier peut dans quelques coutumes avoir des fourches patibulaires à deux piliers, et son juge connaît du simple homicide sans guet-apens, et des cas qui en dépendent ; dans d'autres, il connaît du crime de larcin jusqu'à la peine de mort inclusivement ; dans d'autres il a la punition du sang jusqu'à soixante-quinze sols d'amende envers la justice, et du larron jusqu'à la mort ; dans d'autres, il connaît en ses assises qu'il *peut tenir quatre fois l'an*, du simple furt (vol.) ; peut avoir ceps et anneaux de fer, et une prison pour garder les malfaiteurs et les punir jusqu'au supplice de la mort exclusivement ; mais dans d'autres, il ne peut user de fers, ceps, grues, grilles ; dans d'autres, il peut avoir prison fermée, ceps et anneaux, et détenir les délinquants ou les punir s'il y a lieu ». (Jacquet, *Des Justices des seigneurs*, liv. II, chap. III. n° 21). « Comme juridiction criminelle, la basse justice ne donne droit qu'à la connaissance des petits délits, telles que les injures les dégâts causés par les animaux, et autres contraventions qui ne pouvaient être punies d'une amende de plus de dix sous parisis. Mais au civil, le seigneur bas justicier juge les procès de ses vassaux jusqu'à la somme de soixante sous parisis. Relèvent aussi de son tribunal tous les litiges relatifs aux cens, rentes et échanges d'héritages situés sur ses terres. Arbitre naturel de ses vassaux, il fixe les limites de leurs propriétés et dénoue pacifiquement leurs conflits. Enfin réunissant dans ses mains le pouvoir exécutif et le pouvoir judiciaire, le bas justicier peut avoir à sa disposition des sergents, des geôliers et une prison, pour farie arrêter et détenir tous les déliquants qui se réfugient sur son territoire. Si nous voulons de nos jours trouver une magistrature analogue à la sienne, c'est la justice de Paix qui nous fournirait, ce semble, les plus nombreux points de similitude ». (*Le Moyen-Age et ses institutions*, O. Havard, p. 12.)

dans la Loire le 26 mai 1724 (1) et fut inhumé le 27 ainsi qu'en témoigne l'acte suivant : « Sépulture Christophle Chevigny, sieur du Bois-de Chollet, fils de Messire Chevigny, sieur du Bois-Chollet, et de demoiselle Anne de Boishorrant, noyé dans la rivière de Loire à Richebourg, et levé ce jour par la justice en présence d'escuier Henry de Ruais de la Guerche, seigneur de la Plaine, de demoiselle Henriette de Ruais de l'Essart et d'escuyer J. de la Tocnaye (2). »

René-Henry de Chevigné, « chevallier seigneur du Bois-de-Cholet, L'Herbergement-Enthier, le fief Cantetière », épousa, le 24 juillet 1736, Magdeleine Françoise Paris de Soulanges, fille de Augustin, chevalier seigneur de la Begaudière, et de Françoise de Gastinayre.

Vers 1730 ses sujets de L'Herbergement-Enthier, à propos des *Marches*, adressèrent aux Président et Lieutenant Conseillers du roy en l'élection de « Chatillon-sur-Sayvre » (3) la requête suivante que nous publions presque en entier, tant elle offre d'intérêt au point de vue de l'histoire locale et des privileges attachés à la qualité de *Marcheton* (4) :

« Les habitans de L'Herbergement n'arguent point contre larest du Conseil, au contraire, ils en demandent l'exécution. Jean Fonteneau avance mal propos que ses domaines n'ont point payé la taille entre les mains de ses mandeurs, ce qui est faux ; ils ont été taxé de tous les temps et pour preuve il n'y a qu'à voir les rolles qui sont à l'intendance depuis 30 et 40 ans et plus. On les trouvera taxé et ce réitère que Fon-

---

(1) Sur une pierre tombale sise devant la maison de M. Coumailleau, on lit l'inscription suivante copiée par M. Mignen : Cy gît Damoiselle Thomas, veuve de noble Jacques Thomas, conseiller du Roy, receveur des trettes, décédé le X octobre 1722. Priez Dieu pour Elle.

(2) *Registre Saint-Clément de Nantes*. Communication de M. Mignen.

(3) Autrefois Mauléon. L'Herbergement faisait partie de l'élection de Mauléon qui devint celle de Châtillon, quand, en 1736, elle fut érigée en duché pairie en faveur d'un comte de Châtillon.

(4) Cette pièce malheureusement ne porte aucune signature ni date, si ce n'est celle contenue dans le corps de la requête, mais un acte du 28 juin 1740 signé Berriau notaire Royal est d'une écriture absolument identique.

teneau n'a pu acheter la qualité de *breton* et encore moins les prétendus privillèges et on soutient qu'il n'a aucune qualité présenté par larest, qu'il ne jouist point par ses mains, ses biens ont été taxés de tous les temps et doivent l'estre comme il avance.....

« Leurs supositions (aux habitants) ne sont point sans fondement, elles sont justes, la preuve en est convinquante et incontestable ; *il sufit de voir la lizière du Poitou délabrée et dégradée, on n'y voit que mazures ; des métayries et des vilages entiers qu'on a transférés en Bretagne ou vous voyez des logements superbe qui n'ont souvent qu'un morceau de jardin* (1) et leurs terres à Fonteneau et autres propriétaires) sont toute en Poitou. Il n'est donc pas impossible que le *seigneur du Bois de-Chollet*, Fonteneau et d'autres ne fassent la mesme chose et encore Fonteneau plus facilement que tout autre qui peut agrandir ses métayries de Bretagne des domaines qu'il a sur la lizière du Poitou.....

« *Nous sommes actuellement écrasés d'impôts et il n'y a point de particulier propriétaire qui ne paye en impositions la valeur de son domaine et plus, ce qui n'est pas difficile à comprendre. Ainsi en 1732 nous avions 600 livres de taille et aujourd'hui 1020 l.*

« Puisque le roi demande la taille en Poitou, par conséquent toutes les terres du Poitou la doivent, n'étant pas l'intention du prince de nous faire plus d'injustice que ses autres provinces....

« Les prétendus privilèges de l'exemption des tailles n'est point attaché au domaine du Poitou, mais à la *personne* et à la *qualité d'ancien breton*, suivant larest et il ne sufit point à Fonteneau d'engranger ses fruits en Bretagne : il n'est point

---

(1) Pour avoir droit aux privilèges attachés à la qualité d'*ancien breton*, c'est-à-dire habitant les *Marches* communes, de Bretagne et de Poitou, certains propriétaires faisaient inscrire leurs biens de Poitou aux rôles de Bretagne et souvent ils ne possédaient en cette dernière province qu'un morceau de jardin. C'est ce que veut dire la requête ci-dessus dont la clarté n'est pas le principal mérite.

entien Breton. Il ne paye point *fouage* (1) en Bretagne, et ne fait point valoir par ses mains comme l'explique larest du conseil, de sorte que faisant droit aux moyens cy-dessous expliqués, le dit Fonteneau doit être débouté de sa demande et le rolle exécuté selon sa forme et teneur.....

« La *noblesse* qui doit avoir autant de privilèges que le *Rôturier de Bretagne* et qui a celui de ne *payer point d'impositions*, et faisant valoir par ses mains ses domaines s'il y place un *colan* ses privilèges n'influent point sur le colon. Et s'il étoit fermier, il seroit imposable luy mesme. Et s'il vend sa terre à un rôturier, il ne peut luy vandre ses qualités ny ses privilèges. Ainsy Jean Fonteneau n'a aucune des qualités requises par larest et quand il en jouiroit par ses mains, il seroit imposable, par conséquent ses colons doivent l'estre. Et si le dit Fonteneau jouissoit de ces privilèges prétendus, il a beaucoup de biens en Poitou sur la lizière de la Bretagne, dans quelques temps il pourroit faire transporter ses maisons et granges dans ses terres de Bretagne et jouiroit de l'exemption des tailles. Le *seigneur du Bois-de-Chollet* qui a deux métayries sur la lizière qui payent près de 300 l. au roy, tous les ans pourroit faire la mesme chose et plusieurs autres seigneurs et rôturiers qui sont dans le mesme cas, mais au terme de larest, *il faut être ancien breton et faire valoir ses héritages par ses mains..* (2) »

Suzanne Sire, veuve André Renaud et Jean Merlet étaient dans le cas de Fonteneau.

« Quant à Jean Merlet, disait la supplique, nous avons ignoré que Anselme Taveneau ne jouissait plus des domaines jusqu'au jour qu'il la fait notifier par le sieur Curé à la messe paroissiale il y a quinze jours et pour ne l'avoir pas fait dans les temps nous requerons à Votre grandeur qu'il luy soit ordonné de payer ce qui est taxé ».

Cette question des Marches était fort importante au point de vue des tailles. Quelle que fut leur origine, les habitants des

(1) Droit du seigneur sur chaque feu, d'après Dùcange.
(2) *Papiers de Mme Echassérieau.*

Marches avaient les mêmes privilèges, celui de ne point payer
d'impositions. En venant demeurer hors des Marches, le Marcheton était assujetti à la loi commune : « La Baronnie de
Montaigu ne comprenait aucun territoire en Marches communes ; nous croyons qu'il en était de même de la seigneurie
du Bois-de-Chollet..... Les marches communes de Bretagne et
de Poitou se divisaient en Hautes et Basses-Marches. Les paroisses de Gétigné et Boussay en Loire-Inférieure, et de Cu-
gand et de la Buffrère en Vendée constituaient les Hautes-
Marches.

Les Basses-Marches comprenaient le bourg commun de
Legé, le bourg propre de Legé, le territoire de la Boesse, La
Censive, le village du Retail (enclave de la paroisse du Grand
Luc), St-Etienne de Corcoué Grand-Landes, St-Etienne-du-
Bois ; St-Colombain, Bois-de-Cené, la Garnache, la Trinité de
Machecoul, Paulx, Bouin. — Le Retail, Grand-Landes,
S. Etienne du Bois font actuellement partie du département
de la Vendée ; les autres lieux ont été attribués au départe-
ment de la Loire-Inférieure. — D'après Claude Pocquet de
Livonnière, Bouin aurait fait partie des Marches avantagères
du Poitou sur la Bretagne et non des Marches communes à
ces deux provinces (Coutumes du Pays et Duché d'Anjou, t. II.
col. 1429-1725) Ajoutons enfin que de la seigneurie du *Bois-de-
Chollet* relevaient certains fiéfs situés dans la paroisse de *Mormaison* et de *St-Sulpice*, lesquelles faisaient parties des Marches
avantagères au Poitou sur la Bretagne et aussi quelques fiefs
situés dans la paroisse de *St-André-13-Voies*, qui faisaient partie
des Marches avantagères à la Bretagne sur le Poitou (1) ». (V.

(1) Réponse à une question posée par nous dans l'*Intermédiaire nantais*.
La première maxime concernant les Marches est que le fond des Marches
est réputé commun à deux provinces par indivis; et le caractère distinctif
des Marches est que les héritages qui y sont situés relèvent moitié par indivis
du seigneur d'une province et moitié par indivis du seigneur d'une autre
province..... Nous reconnaissons 3 sortes de Marches : les communes, les
avantagères et les conthrostées. Les communes sont celles qui relèvent de deux
seigneurs par indivis, tant pour le fief que pour la justice. Les avantagères
sont celles qui sont communes pour la féodalité, relevant par indivis de deux

le même auteur t. et col. id.) Dr Mignen. — *Intermédiaire nantais* du 18 février 1901).

Le 28 avril, maître Robin Brusnellière, sieur de la Thébline, pour un corps de logis. situé au bourg de l'Herbergement rendit un aveu à René-Henry de Chevigné par lequel il reconnaissait qu' « il vous est deub par chacun an au dit terme de Noël, deux sols et un chapon de cens et devoir féodal et rendable à votre recepte le *biain* (corvée) d'une personne avec une fourche pour ayder conjoinctement avecque vous et autres teneurs qui y sont subjects, à rendre secq votre fouin de votre prée entienne (1). »

Le 15 mai 1744, il reçut d'Elisabeth Guitter, veuve Jacques Douillard un aveu pour les terres qu'elle détenait en son nom et en celui de ses enfants au tennement du Chaillou, paroisse des Brouzils « sur tous lesquels tennements, disait l'aveu, je vous dois mon dit seigneur conjointement avec tous les autres teneurs dudit tennement par chacun an la rente noble féodalle

seigneurs ; mais pour la juridiction et pour tout le reste sont d'une province exclusivement à l'autre, et sujettes à la justice d'un seul seigneur et de son suzerain *privativement* aux autres. Les conthrostées sont cellés qui sont communes à deux provinces et à deux seigneurs pour la juridiction et ne relèvent néanmoins que d'un seul seigneur.

Par lettres patentes du 11 mai 1606 et arrest de son Conseil du 1er août 1606, Henri IV déclara les habitants des Marches déchargés de toutes tailles, fouage et autres impositions mises ou à mettre même du joyeux avènement des rois à la couronne en payant par chacun an par forme d'abonnement de tous les dits droits, la somme de 600 livres d'une part et de 128 livres d'autre part.

(D'après Claude Pocquet de Livonnière).

Louis XIII, par arrêt de son Conseil du 30 juillet 1626 ordonne « que les paroisses des Marches et enclaves demeureront exemptes de toutes tailles, fouage, impôts, huitième, traites foraines et domaniales et autres impositions pour les marchandises et denrées qui croîtraient dans l'étendue des dites paroisses et enclaves, et pour celles qui seraient transportées pour y être consommées en payant la dite prestation annuelle (voir plus haut). L'arrêt fut confirmé par Louis XIV (*id*).

(1) Aveu à Haut et puissant seigneur Messire René Henri de Chevigné chevallier seigneur du Blois-de-Chollet, L'Herbergement Entier, le fief Cantetière, L'Esviaud et autres lieux... (Archives de L'Hôpital de Montaigu, liasse B 17, communiqué par M. Mignen). En 1773, René Henri est titré chevalier seigneur de L'Herbergement, Bois-Macé et autres lieux.

et fontière de quatre chapons et cinq sols en argent au terme
de Noël et rendable à votre recette du *Bois-de-Chollet*. Plus
est deubs sur le dit lieu la rente fontière de trante deux boisseaux de bled seigle, mesure de Montaigu au *chapelain* de la
chapelle des *Testards*, à la *cure* des Brouzils, deux boisseaux
de bled seigle pour droit de boisselage requerable à Monsieur
Millet quatre boisseaux de bled seigle, à la *Chabotterie* huit
boisseaux seigle, six boisseaux seigle au sieur *doyen* de Montaigu, plus six boisseaux au sieur *prieur* de Saint-Jacques de
Montaigu, à Monsieur du *Tréhand* quatre boisseaux, neuf
boisseaux à la *cure* de L'Herbergement (1) requérable, deux
boisseaux seigle à *fabrice (sic)* de L'Herbergement aussy requérable, au sieur *doyen* de Montaigu six boisseaux de froment, au sieur *prieur* de Saint-Jacques de Montaigu six boisseaux, seize boisseaux d'avoine à la maison de la *Chabotterie*,
au dit sieur *Millet* cinq boisseaux d'avoine, au sieur du *Tréhand*
cinq boisseaux, à *Laurand Pichaud* six boisseaux d'avoine, au
sieur *doyen* de Montaigu quatre boisseaux, au sieur *prieur* de
Saint-Jacques, quatre boisseaux d'avoine le tout mesure de
Montaigu et payable au terme de my aoust, plus en argent
deux livres à la chapelle des *Testards*, plus à la seigneurie de
la *Parnière*, savoir cinquante sols pour les biens et quatre sols
six deniers d'autre le tout à cause de la *grande Cour* de Montaigu, plus au *prieuré* des Brouzils cinq sols, plus à la *cure* de
L'Herbergement trois sols, plus à *Laurand Pichaud* quatre
sols, plus à la maison de la *Chabottrie* quatre sols, plus à notre
Recette du *Bois de-Chollet* dix sols payable, l'argent à Noël (2)

René Henry de Chevigné eut plusieurs enfants. « *Augustin
Christophe, René*, titré comte, naquit le 11 juillet 1737, fut nommé lieutenant de dragons au régiment de Beauffremont er

___

(1) Joseph-Marie Ollivé était curé en 1737. Raymond Goupil mort le 19 février
1753 l'était en 1740, Rouzeau le 25 septembre 1753 et Caillaud le 24 août 1764.

(2) Aveu à Messire Henry René de Chevigné chevallier seigneur du Bois-
du-Chollet, L'Herbergement-Entier, Leviaud, Le Pressoüer *alias* Goyer (Papiers de M. Amiaud).

1756, capitaine en 1759, eut le rang de colonel d'infanterie en
1770 et devint colonel au régiment provincial de Senlis en
1771. Il épousa en 1773 Adélaïde-Marie-Louise Titon de Ville-
Genon, dame d'Ognon, veuve du marquis de Bragelogne qui
désira être présentée au roi, et ce fut à cette occasion que fut
dressé le *Mémoire* qui nous a servi de guide. En 1785 Chérin,
paraît-il, en rédigea un autre que nous n'avons pu consulter. »
(Beauchet-Filleau). Augustin Christophe René avait pour ré-
gisseur Dominique Gouraud demeurant au Château de Bois-
Chollet (30 juin 1774).

En 1787 fut passé le contrat de mariage de Esprit Benjamin
René de Chevigné avec Marie Darry Jaillard de la Marronnière, 1787, 12 février. Voici cette pièce : « Par devant les
notaires royaux de la sénéchaussée de Poitiers, héréditaires
en Poitou soussignés, furent présents Haut et puissant
seigneur *Esprit Benjamin René de Chevigné*, chevalier capitaine
au Régiment d'Armagnac, fils majeur de Haut et puissant
Joseph Christophe Alexandre de Chevigné chevalier seigneur
de la Grassière, ancien capitaine de grenadiers royaux chevalier de l'ordre royal et militaire de Saint-Louis, et de feue
haute et puissante dame Louise Claire Thomasset, demeurant
au chasteau de la Grassière paroisse de Chavagnes d'une
part :

« Et Haute Puissante demoiselle Mademoiselle *Marie Darry
Jaillard de la Marronnière*, fille majeure de Haut et puissant
Louis-François Jaillard de la Marronnière, chevalier seigneur
de la Marronnière et de Haute et puissante dame Françoise-
Jeanne-Antoinette-Roberte Ferron de la Ferronnay, dame
douairière de la Marronnière, de Remouillé, L'Ardraire et
autres lieux, demeurant au quartier des Rochettes près la
ville de Montaigu, paroisse de Saint-Hilaire-de-Loulay d'autre
part.

Lequel dit seigneur Esprit-Benjamin-René de Chevigné et la
ditte demoiselle Marie-Dary Jaillard de la Marronnière se
sont par ses présantes promis la foy du mariage et de se pren-

dre á mary et femme légitime épouz, épouze à la première réquisition de l'un d'eux les solemnités de l'Église catholique préalablement gardées et observées et ce de l'aveu, consentement et authorité sçavoir de la part du seigneur futur époux, de Haut et puissant Joseph-Christophle-Alexandre de Chevigné, seigneur de la Grassière son père,

Haut et puissant Louis-Augustin-Antoine-Marie de Chevigné chevalier seigneur de l'Ecorce, Civetière, ancien officier au régiment du Royale Lanzarine,

Haut et puissant Isaac Joseph de Chevigné, chevalier,

Haut et puissant, Louis-Jean-Marie de Chevigné, officier du corps royal au Génie,

Haute et puissante demoiselle Marie-Claire-Thérèse-Françoise-Charlotte de Chevigné, ses frères et sœurs germains.

Haute et puissante dame Marie Henriette-Pélagie du Chaffaut, sa belle-sœur,

Haute et puissante dame Pélagie du Chaffaut, veuve de Haut et puissant Louis de Lécorce, chevalier seigneur dudit lieu sa tante par alliance,

Haut et puissant Charles-Aimé de Royrand ancien chef de bataillon au régiment de Navarre, chevalier de Saint-Louis,

Haut et puissant Charles-Augustin de Royrand chevalier et colonel retiré et chevalier de Saint-Louis,

Haut et puissant Joseph de Royrand chevalier capitaine au Régiment de Navarre et chevalier de Saint-Louis.

Ses onclés à la mode de Bretagne au maternel,

Et de la part de la demoiselle fntur épouze de

Haut et puissante dame Françoise-Jeanne-Antoinette-Roberte Ferron de la Ferronnay, sa mère.

Haute et puissante demoiselle Marie-Elisabeth-Julie Jaillard des Chateigniers sa sœur germaine.

Et autres les parents et amis soussignés.

En faveur et contemplation duquel mariage qui autrement n'eut esté fait ny accomply, a esté expressément convenu et accordé ce qui suit :

1º Que les futurs conjoints seront communs en bien le jour de la bénédiction nuptiale conformément à la disposition de la coutume de cette province de Poitou sous la disposition de laquelle ils veulent que leurs personnes et leurs biens soient régis et gouvernés quand mesme ils habiteroient toutes autres provinces dérogeant à cet effet à touttes lois et coutumes contraires à celles du Poitou.

2º Que les seigneur et demoiselle futurs époux se prennent respectivement avec touz leurs droits échus et à échoir générallement quelconques ;

3º En cas de survie de la demoiselle future épouze à son futur époux, elle prélèvera sur leur communauté avant aucun partage pour ses habits de deuil, ceux de ses domestiques a pour sa chambre garnie la somme 4 milles livres, elle en aura en outre, par prélèvement ses bagues, bijoux et joyaux et générallement toutes ses hardes et linges servants à sa personne, ainsi que le carrosse et les chevaux ;

4º Aura la demoiselle future épouze douaire coutumier, le cas y avenant par hipotéque de ce jour ;

5º En cas de dissolution de communauté par mort ou autrement, il sera libre à la demoiselle future épouze de l'accepter ou d'y renoncer et en cas de renonciation de reprendre, franc et quitte de debpte tout ce qu'elle justifiera y avoir porté quand mesme elle y auroit parlé et consenti et dont en tout cas elle sera garantie par le seigneur époux et sa succession.

Qui est tout ce qui a été ainsi et de la manière voulu, consenty, stipullé et accepté par les parties, à l'entretien elles ont obligé et hipotéqué tous et chascuns leurs biens meubles et immeubles présents et futurs dont, nous notaires de leur consentement, volonté et requeste les avons jugés et condamnés du jugement et condamnation de notre Cour au pouvoir et juridiction de laquelle elles se sont soumises en leurs dits biens fait et passé en l'hôtel de la dite dame de la Marronnière, douarière, ce jourdhuy, douze du mois de février mil sept cent quatre-vingt-sept ; lecture faite aux parties, elles y ont persisté et signé avec nous.

Esprits-Benjamin-René de Chevigné — Marie-Darie-Jaillard
Joseph-Christophe-Alexandre de Chevigné — Ferron de la
Maronnière — Louis Augustin-Antoine-Marie de Chevigné
— Louis-Jean-Marie de Chevigné — Du Chaffault de Chevigné
— Julie Jaillard — De Royrand — Joseph de Royrand —
Isaac-Joseph de Chevigné — Charles-Augustin de Royrand
— Le comte Du Chaffault — Du Chaffault de Lecorce — Fran-
çoise-Clère-Thérèse de Chevigné — Royrand de Landerneau
— De Landerneau, chanoine de Luçon, Gouraud notaire royal
— Lorin notaire royal pour registre.

Controllé et insinué à Montaigu, le 15 février 1787 par Goupilleau qui a reçu 150 livres *(Minutes Sorin, étude Duchategnier
Montaigu, communiqué par M. le D*r* Mignen.)*

L'ondoiement de *René-Henri-François*, fils de René-Henry
de Chevigné, se fit le 8 mars 1744 à L'Herbergement où il fut
baptisé le 30 octobre 1749 *(Communication de M. Mignen)*.

Un autre fils de René Henry, messire *Hillarion François*, fut
baptisé, le 6 juin 1746.

Le parrain fut Messire Hillarion de Paris-Soulanges, bache-
lier en théologie à Paris et la marraine damoiselle Ozille de
Chevigné aux lieu et place de dame Françoise Paris de Soulanges, gouvernante de Madame Louise de France *(communiqué par M. Mignen.)* Devenu prêtre, archidiacre, vicaire général,
chanoine etc, il fut détenu un moment à la prison de Picpus
du 18 germinal an II (6 avril 1794) au 4 brumaire an III (25 octobre 1794). Mis en liberté il revint à Nantes et devint évêque
de Séez en 1802. Exilé de son diocèse par Napoléon en 1811, i-
mourut à Nantes le 18 février 1812 (1).

Le 8 novembre 1751 naquit *Louis Marie Joseph Félicité* fils
des mêmes (René Henry et Magdeleine Françoise Paris de
Soulanges), baptisé à L'Herbergement le 1*er* août 1752. Le 14
septembre 1754 naquit *Louis-Marie*, mort le 2 septembre 1754.

(1) Voir Lallié, *Le Diocèse de Nantes pendant la Révolution*, tome II, p. 81
(communication de M. l'Abbé P. Boutin).

« En 1761 plusieurs teneurs de jardins dressèrent le mémoire suivant relatant les rentes dues au Bois-de-Chollet.

1761 — Mémoire de ce que chaque teneur doit de Rantes sur le jardin *Mabit* en *Lerbergement,* due à Monsieur du *Bois-de-Chollet,* au terme de...... premier *Monsieur Jarrie* (1) en le grand jardin Mabit en plusieurs endrois quarante deux gaulle qui doit de rante par ans un sol un deniez et demie deniez ; *Guillaume Nicolleau* en grand jardin Mabit en plusieurs androis vingt-trois gaulles qui doit de rente par ans huit deniez ; *Cristofle Tesier* en grand jardin Mabit en plusieurs endrois vingt-neuf gaulles qui doit de rantes par ans dix deniez et demi deniez : *Jean Piveteau,* en jardin Mabit en plusieurs androis cent vingt sept gaulles qui doit de rantes par an trois sol six deniez avec les doue compris ; *Jacques Guibert* en grand jardin, Mabit en plusieurs endrois douze gaulles qui doit de rantes par an quatre deniez ; *François Nicolleau* en grand jardin Mabit en plusieurs endroits traize gaulle qui doit de rantes quatre deniez ; La *Veuve Faveroux* en grand jardin Mabit, treize gaulle qui doit de rantes par an quatre deniers.

— Mémoire de ce que le petit jardin et Mazuraud appartenant à Cristofle Tesier et la Faveroux et Piveteau doive de rantes sur le jardin et mazuráud premier *Christofle Tesier* doit pour les parts en le petit jardin près le jardin Mabit avec son mazuraud contenant ou environ six gaulle et demi qui doit de rantes par ans un sol deux deniez et demi-deniez ; *Jean Piveteau* en le petit jardin, près le jardin Mabit aveque son mazuraud contenant ou environ douze gaulle et demie qui doive de rante par an deux sols trois deniez ; la *veuve Faveroux* en le petit jardin et mazuraud près le jardin Mabit aveque son mazuraud contenant ou environ dix sept gaule doive de rante par an un sol et un deniez.

— Mémoire de ce qui doit Jean Piveteau, et Cristofle Tesier sur le jardin appelée le jardin des *Gas* : premier *Jean Piveteau,*

---

(1) Il était prêtre chapelain de l'Herbergement-Enthier.

en jardin des *Gas* trantes sept gaulles et demie qui doive de rantes trois deniez et demi deniez ; *Cristofle Tesier*, en le jardin des Gas huit Gaulles qui doit de rantes un deniez par an.

— Mémoire de ce que chaque teneur doive de rantes sur le jardin *Michelon* ; *Monsieur Jarrie*, en jardin Michelon trente gaulle et demie qui doive de rantes par an un sol six deniez ; *François Nicolleau* en jardin Michelin en plusieurs endrois cen vingt gaulle et demie doive de rantes par an sept sol cinq deniez *Guillaume Chapleau*, en le jardin Michelon, quarante six gaulle qui doive de rantes deux sols dix deniez ; Mathurin *Bourcier* en le jardin Michelon neuf gaulle et demie qui doive de rantes par an sept deniez ; *Renée Douillard* en le jardin Michelon vingt-quatre gaulle qui doive de rante par ans un sol six deniez ; *Charles Valin*, en jardin Michelon dix gaulle et demie qui doive de rantes par an sept deniez ; *Jean Piveteau*, en jardin Michelon en plusieurs endrois trente neuf gaulle un quart qui doive de rante deux sols quatre deniez ; *la veuve Gouraud* en le grand jardin Mabit en plusieurs endrois traize gaulle et demie qui doit de rantes quatre deniez et demi deniez. Au dos de l'acte est écrit :

« Sur le jardin Mabit est due à *M. du Bois de Chollet* sept sol par an pour 29 année fait la somme de 16 # 3 sol. Sur le jardin Michelon est dû par an seize sol, fait pour 29 ans 23 # 9 sol — 1761 » *(Papiers de Mme Echassérieau)*.

En 1773 (1) le 16 novembre *René Henry de Chevigné* reçut les déclarations des frères Laurent Fonteneau de la Citadelle et André Fonteneau pour les fiefs de la Boisselière, La Guibondelière, Le Cerizier, la Gaudinière. Aux terres de ces tennements s'ajoutaient celles « dans l'étendue et la mouvance des fiefs du Pressouer *allias* Goyère (2) et du Bois-de-Chollet (3) ».

(1) Caillaud était curé de l'Herbergement (20 janvier 1773). — Archives du département de la Vienne. En 1767, le 9 août « Messire Jacques Jarric » était « prestre chapplain de Lherbergement entier ».

(2) Aujourd'hui la Guerche.

(3) Aveu à Haut et Puissant Messire René Henry de Chevigné, chevallier seigneur du Bois-de-Chollet, L'Herbergement-Entier, Bois-Macé et autres lieux (Papiers de Mme Echassérieau).

De ce document, nous allons citer les passages principaux :

FIEF DU BOIS-CHOLLET, VILLAGE DE LA BOISSELIÈRE (1). « Sur lequel dit village et tennement, il vous est dub, mon dit mon seigneur onze sols de Cens et de devoirs nobles, féodal indivisible et rendable à la recepte de vos devoirs chacun an audit terme de mars ou que ce soit une fois l'an ainsy qu'il est porté par différents articles de ·votre papier censaire : Plus vous avez droict mon dit seigneur de faire prendre et couper fournilles pour l'usage de votre fourbanal de L'Herbergement par tout celluy dit tennement la réserve de *l'épine blanche qui est l'ébaupine :* plus sont les couchants et levants du dit village et tennement tenus de faire *moudre leurs blé et grains à votre moullin* au désir de sa coutume ;

« Et sont encore les dits couchants et levants tenus à *trois bians d'hommes* par chaique feu à votre semonce chacun an : plus et est encore dub sur le dit lieu les rentes simples fontières et non féodallés qui suivent trente six boisseaux d'avoine au seigneurs de la *Grellière* (2) appelée rente surgère, à la chapelaine des *Gestruds* (3) cinquante six boisseaux seigle, à la cure des *Brouzils* huits boisseaux aussy seigle, aux héritiers *Marguerite Legay* six boisseaux froment apartenant à présant à..... Le tout mezure de Montaigu. Ce payable au terme de mi-août ; à la *cure* dudit L'Herbergement, cinq sols

(1) Du 4 octobre 1741. Par acte de Payraudeau et Voullet notaires, plusieurs propriétaires du tennement de la Boisselière reconnaissaient devoir à « Maistre Charles Thibaudeau procureur fiscal dudit Marquisat (Montaigu) demeurant en la ville du dit lieu à cause de damoiselle Girard son espouse la rante fontière annuelle perpétuelle et randable par chascun an au jour et feste de Notre-Dame d'aoust de six boisseaux de bled froment, mezure de cette dite cour ». (Papiers de Mme Dabreteau de la Souvétrière). Du 21 janvier 1715. Divers « teneurs, propriétaires et détempteurs en tout ou partye du village et tenement de la Boisselière en la susdite paroisse des Brouzils » devaient « par chacun an et chacun jour et feste de Mi-août à Maître Jean Leloup, sieur du Parc, maître chirurgien demeurant au bourg et paroisse de Saint-Fulgent la rante fontière annuelle perpétuelle de six boisseaux froment mesure de cette cour (Montaigu) rendable en l'étendué d'icelle » signé Begaud et Luneau notaires (*id*).

(2) Commune de Saint-André-13-Voies.

(3) Montaigu.

et au prieuré de *Saint-Jacques* dudit Montaigu dix sols au susdit terme de Noël » (L. Fonteneau).

FIEF DU PRESSOUER ALLIAS GOYÈRE. — Le *Grand Cormier*, en
la paroisse dudit L'Herbergement formé autrefois de 2 pièces
était situé dans le fief *du Pressouër*. Son propriétaire (André
Fonteneau) devait au seigneur du *Bois-de-Chollet* « quatre
deniers au terme de Noël de devoirs nobles, plus en outre
sujette (la dite terre) à la *dixme au treze* à la dite cure de
L'Herbergement ».

TENNEMENT DU GUIBONDELIÈRE. — « Sur lequel dit tennement et village, il vous est dub mon dit seigneur soixante-
huit boissseaux seigle et huit boisseaux d'avoine, mesure de
Montaigu au terme de Notre-Dame d'Aoust et quarante trois
sols deux deniers en argent au terme de Noël, plus en outre
les rentes simples fontière qui suivent au sieur de la *Guiarche
Druays* (1) à cause de dame Marie de la Rainu, son épouse
vingt-quatre boisseaux seigle et lune de froment susduitte me-
suré ; à l'*Aumônerie* de Montaigu un boisseaux seigle et cinq
sols en argent, à la *cure* des Brouzils trois boisseaux seigle
et deux de froment pour gros de *dixme abonné* ; à la *cour* de
Montaigu, quinze sols pour avoir l'usage dans le landié des
Corperais (2) ; à la seigneurie de la *Lourie* (3) cinq sols, et à
celle de *La Roche* (4) deux sols six deniers, à la seigneurie des
Boutières (5) vingt sols. » *(Laurent Fonteneau)*.

TENNEMENT DU CÉRIZIER. — « Sur lequel dit tennement il
vous est dub mon dit seigneur saize sols de rente noble et
féodalle et fontière, plus il vous est encore dub deux sols six
deniers de rentes simples fontières à cause de votre fief de *Leviaud* payables les dits deux sols six deniers au terme de
Noël, plus encore les rentes simples fontière qui suivent aux

(1) Ce nom doit être mal orthographié. C'est probablement de *Ruais
de la Guerche* qu'il faudrait lire. Voir le nom de ce seigneur à propos de
la sépulture Claude Chevigny, p. 21.

(2) Commune des Brouzils. — (3) En Vieillevigne, — (4) En Saint-André-
13-Voies. — (5) Mormaison.

héritiers de *Monsieur de la Michelière* quarante huit boisseaux seigles et trente deux d'avoine ditte mesure de Montaigu plus à la ditte *Cour de Montaigu*, trois sols quatre deniers, payable au terme de Noël. » (id)

TENNEMENT DE LA GAUDINIÈRE. — « Sur lequel dit tennement, il vous est dub mon dit seigneur trois chapons au terme de Noël, plus des rentes simples fontière aux *Messieurs de Goué* (1) ·vingt huit boisseaux seigles susdite mesure de Montaigu, plus trois sols à la ditte *seigneurie de Montaigu* plus deux boisseaux seigle susditte mesure de Montaigu à la *cure de Brouzils* payable au terme de Notre-Dame en août » (id).

TENNEMENT DU CHAILLOU. — « Sur lequel dit tennement, il vous est dub mon dit seigneur cinq sols et quatre chapons ainsy de devoirs nobles et féodaux au terme de Noël ; plus il est encore dub les rentes simples fontières qui suivent ; premièrement trente deux boisseaux de bled seigle, mesure de Montaigu au chapelain de la chapelaine des *Testards* (2), plus à la cure des Brouzils deux boisseaux aussy seigle pour droit de boissellage abonné et requérable plus quatre boisseaux au *sieur Millet*, plus huit boisseaux seigle à la *Chabaulterie* (Chabotterie) plus six boisseaux au *sieur prieur* de Saint-Jacque, du dit Montaigu, plus quatre boisseaux au sieur du *Tréhand* (3), plus neuf boisseaux à *la cure* de l'Hebergement requerable, plus deux boisseaux seigle à la *fabrique* dud. L'Herbergement aussy requérable plus un boisseaux froment au sieur *prieur* de Saint-Jacques de Montaigu, plus à la *Chabaulrie* (Chabotterie) seize boisseaux d'avoine ; plus au sieur *Millet* cinq boisseaux, à M. *du Tréhand* cinq boisseaux, à *Laurent Pichaud* (4) six bois-

---

(1) La Chabotterie. En 1757, messire Joseph de Goué était chevallier seigneur de Marchay (acte du 3 janvier 1754. Bouffard et Jagueneau notaires royaux).

(2) Montaigu.

(3) Le 13 Septembre 1742 un *du Tréhand* habitait le Hallay.

(4) Il était doyen de Montaigu et fut exilé à Saint-Michel, en l'Herm, à cause de ses opinions jansénistes (Voir Dr Mignen. *Paroisses, église et cures de Montaigu*).

seaux, au sieur *doyen* de Montaigu quatre boisseaux, audit sieur *prieur* de Saint Jacques de Montaigu quatre boisseaux, toutes lesquelles dittes rentes sont à la mesure de Montaigu et sont payables au terme demie-août, plus à la chapelaine des *Testards* deux livres, à la seigneurie de la *Parnière* (1) cinquante quatre sols six deniers, savoir cinquante sols pour les biens et quatre sols six deniers d'autre, le tout à cause de la *Grand-Cour* de Montaigu ; plus au *prieuré* des Brouzils cinq sols, plus cinq sols à la *cure* dudit L'herbergement plus audit *Laurent Pichaud* ou héritiers quatre sols, à la *Chabautrie* (Chabottrie) aussy quatre sols, plus à votre seigneurie *du Bois de Chollet* et à cause dicelluy fief dix sols, lesquels dix sols sont dubs sur un petit tennement nommé le *Prè de la Court* et enclavé dans le susdit tennement *du Chaillou*, lesquels devoir et argent sont dubs et sont payables au-dit terme de Noël » (A. Fonteneau).

Pour toutes leurs terres, les frères Fonteneau reconnaissaient que « vous sont dubs (au seigneur de Bois-de-Chollet) les cens, rentes nobles féodaux fontière sollidaires indivisible et rendable à la recepte de vos devoirs cy-devant expliqué ; reconnaissons en outre que vous avez sur toutes les dites choses droit de percevoir *Lods et ventes* qu'en (sic) le cas y advient, fief juridiction moyenne et basses fontière et tout autres droits conneus esmoluments de fief appartenant par la coutume de cette province à Seigneur bail fontier ».

« La famille Fonteneau, qui possédait un avoir immobilier de plus 20.000 livres, somme considérable pour l'époque, semble avoir été par sa fortune une des premières de L'Herbergement. Nous avons été assez heureux de trouver, dans les papiers de Madame Echassérieau, la généalogie de cette famille. Le père de Laurent et d'André Fonteneau était Jean Fonteneau, époux de Jeanne Brossaud.

« Jean Fonteneau et Jeanne Brossaud sa femme, dit un

(1) En Chauché.

acte, marièrent le 3 février 1743 *Jeanne* leur fille avec Jacques Renaudin (1) laquelle ils dotèrent de la somme de 200# en argent et quelques petits meubles le tout en…. sur leur succession et par le même contrat de mariage, ils ont promis l'égalité entre tous leurs enfants sans pouvoir les avantager les uns au préjudice des autres ». (Papiers de Mme Echassérieau.

« Par autre contrat de mariage du 21 février 1745 les mêmes Jean Fonteneau et Brossaud marièrent Jean leur fils avec Marguerite Chaillou et les admirent tous les deux pour une neufvième partie chascun en leur communauté, eux deu pour une égalle portion et leurs autres enfants qu'estoient pour lors au nombre de cinq pour pareille portion, la Chaillou ne fut dotée que d'une somme de 100# et quelques petits meubles ». (id).

Jean Fonteneau fut avec Louis Vinet, Jacques Grellier, Anselme Pasté et Louis Lucas ses consorts collecteurs, accusé d'indélicatesse dans la confection des rôles de taille pour l'année 1759. Nous avons publié autrefois, ce document dans *la Gazette de l'Ouest*. Il était adressé par René Graslpois et Pierre Boutcau de la paroisse des Brouzils à *Messieurs les présidant, lieutenant, conseillers du Roy et élus en l'élection de Chatillon-sur-Sayvre* (autrefois Mauléon).

« Jean Fonteneau (2), y était-il dit, estoit taxé l'année dernière, mil sept cent cinquante huit, conjointement avec *André Fonteneau* son frère à la mestairie de la Guibondelière à une

____

(1) « Jay reçu de *Jacques Renodin* et Denis Vinet cinq livres douze sols par avence pour l'intérêt qui courera jusqu'au jour de la Saint-Georges prochain de la rente de six livres huict sols qui sera éteint et amortie au dit jour de la Saint-George au moyen des domaines qn'ils m'ont aujourd'hui vendu par acte de ce jour. Je les quitte tant du fond que des intérêts de la ditte rente et les subroge en tous mes droits par les exercer envers leurs co-débiteurs. Au Hallay, ce treze décembre mil sept cent quarante deux ». *Du Trehand.*

(2) Les demandeurs, prenant prétexte de ce que malgré une diminution de 150 livres accordées aux habitants de la paroisse des Brouzils leurs impôts avaient augmenté de 30 livres, demandaient que les collecteurs des tailles fussent tenus de rembourser la somme de 15 livres qui avait servi à diminuer leurs propres impositions.

somme de cent trente huict livres dix sols et l'année précédente le dit Jean Fonteneau a divisé leur taux et il en a prix soixante dix livres et en a donné audit André son frère quarante quatre livres, lesquels deux taux avec les exploits pour raison desquels ils sont taxés ne se montent qu'à cent trente deux livres ce qui fait qu'il y a six livres dix sols de diminution de l'année dernière sur laquelle somme les dits cinq deniers et le quart d'un denier sur le montant de l'imposition de mil sept cent cinquante huit revenant à deux livres dix sols neuf deniers, la ditte somme de six livres dix sols se trouve réduitte à celle de trente livres douze sols trois deniers de laquelle ledit Jean Fonteneau a *abusé* tant dans son taux que dans celluy dudit André Fonteneau, son frère cy 3 # 12 s 3 d. »

(Papiers de Mme Echassérieau — 22 mai 1759.)

« Par contrat de mariage du 11 novembre 1756, les dits Jean Fonteneau et la Brossaud, sa femme, marièrent encore *Mathurin* leur fils avec Jeanne Faverou et les admirent en leur communauté pour chascun une dixiesme partie, moyennant une somme de 100 # que la Faverou fut dottée.

« Par autre du 22 décembre 1756, les dits Jean Fonteneau et la Brossaud marièrent encore *Pierre* l'un de leurs enfants avec Louise Renaudin et les admirent pour une onzième partie chascun en leurs communauté, moyennant la somme de 200 # dont la Renaudin fut dotée.

« Enfin par autre contrat de mariage du 3 janvier 1757, les mêmes Jean Fonteneau et Brosseau marièrent *André Fonteneau* leur fils avec Jeanne Guybert qu'ils admirent ainsi en leur communauté, pour une douzième partie chascun, moyennant la somme de 200 # que la Guybert fut dottée. » (*Papiers de Mme Echassérieau*). André Fonteneau, bordier, épousa, dit le contrat de mariage « très sage et très honnestes fille Jeanne Guybert fille de Jacques Guybert et de Marie Guibert ».

Furent présents à ce mariage Jean Fonteneau et la Brossaud sa femme père et mère de l'époux ; Mathurin et Pierre Fonteneau ses frères ; André Fonteneau oncle paternel et parrain tous de la Guybondelière, Nicolas Brosseau oncle maternel a l'Andoussière ; René Bernard oncle maternel à cause de sa femme Françoise Brossaud, demeurant au Temple, commune de Saint-André-13-Voies ; Jean Renaudin, beau-frère à cause de Jeanne Fonteneau sa femme, Jean Chaillou cousin portant le germain du côté paternel tous deux du Chaillou. Du côté de la mariée :

Jacques Guybert, Marie Guybert son père et mère ; Jacquette-Elizabet Guybert ; Magdeleine Guybert, Marie-Thérèse Guybert, Marianne Guybert, femme Dubois (il signe Du Boy), Marie-Thérèse Guybert épouse Jean Chapleau ses sœurs de Lherbergement : M. François Guybert boucher ; Jean Guibert tanneur au village du Chaigne ; Marie Guibert tante maternelle ; M. Guillaume Chapleau portant le germain du côté maternel, (Bouffard et Jagueneau notaires).

La dot était de 200 livres, dont 160 devaient être fournies par « Messire Joseph Degoué (*sic*) chevallier seigneur du Marchay », sur ce qu'il devait aux Guybert. Jean Fonteneau et Jeanne Brossaud eurent deux autres enfants : *Laurent* et *Alexix* (*acte du 9 octobre 1787*).

Une fille de André Fonteneau et de Jeanne Guybert, *Jeanne* fut baptisée par Caillaud curé de L'Herbergement, le 20 janvier 1773. Le parrain fut Jean Fonteneau, la marraine Bénigne Fonteneau

Un des fils des mêmes mourut à Nantes au *Temple de L'Humanité,* dirigé par Augustin-César Texier. L'acte de décès fut dressé par Pierre Haudaudine le 19 fructidor an III de la République, le défunt étant décédé le 21 thermidor précédent.

(Papiers de Mme Echassérieau.)

Revenons maintenant aux seigneurs de Bois-Chollet.

Outre les enfants cités plus haut, René Henry de Chevigné et Madeleine Françoise de Paris-Solanges eurent trois filles : l'une qui fut religieuse à Neuville, l'autre « *Augustine Louis Françoise Gabrielle de Chevigné,* veuve de Louis Joseph Daymard Dalby Chateaurenard, brigadier des armées » (1) et la troisième mariée à un Espivent de la Ville-Boisnet. Un de leur fils, *François Louis René* mourut à Brest, ainsi que l'atteste l'acte de notoriété qui suit :

« Par devant les notaires royaux de la sénéchaussée de Poitiers, héréditaires en Poitou soussignés ont comparu en leurs personnes établies en droit et d'hument soumis.

Messire de la Roche Saint-André, chevalier seigneur des Ganuchères, sindic de la noblesse du marquisat de Montaigu, messire Augustin du Tréband chevalier seigneur du Hallay, messire Gabriel Jouachin Robineau chevalier seigneur de la Vergne et de la Chauvinière et nobles maîtres Louis Richard sieur de la Vergne Jacques Pierre Aimé Thiériot docteur en médecine, demeurants, séparément en la ville de Montaigu paroisse de Saint-Jean lesquels ont unanimement déclarés, certifiés et attestés avoir connu messire *François Louis René de Che vigné,* chevalier du Bois-de-Cholet, lieutenant des vaisseaux du Roy au port de Brest où il est décédé au mois de mai dernier, qu'il est mort sans estre marié ny avoir testé, et que c'est messire *Henri de Chevigné* qui est son seul héritier, tout ce que dessus les dits comparants ont certifié sincère et véritable, en conséquence en ont consenty le présent acte de nottorietté pour valloir et servir que de raison.

Fait et passé en la ville de Montaigu, étude de moy Sorin, ce jourd'huy deux juillet mil sept cent soixante dix-huit. Lecture faitte y ont lesdits comparants persistés et signés avec nous.

Signé : De la Roche St André. — Du Tréhant — Thériot

(1) Acte notarié du 25 février 1806 (*Papiers de Madame Echassérieau*).

D. MM. (D. médecin Montpellier) — Richard D. M. — Robineau de la Chauvinière, Gouraud Notaire Royal, Sorin Notaire Royal pour registre.

Controllé à Montaigu le 5 juillet 1778 par Goupilleau qui a reçu 15 sols (Minute Sorin, Duchastenier Notaire à Montaigu — Communiqué par M. Mignen). Quand vint la Révolution (1), René Henry de Chevigné et dame Magdeleine Françoise de Paris Solanges « qui n'avaient pas émigré furent détenus à Nantes, le mari à l'hospice de la Réunion, sorte de maison de santé où il mourut le 12 février 1794, âgé de 85 ans ; la femme au Bon-Pasteur avec sa plus jeune fille, Mme Espivent de la Ville-Boisnet » (DUGAST MATIFEUX). Elles furent rendues à la liberté le 4 brumaire an IV, 26 octobre 1795 (2).

Durant cette période agitée, L'Herbergement fit partie du canton des Brouzils avec la Copechagnière, Denis-la-Chevasse, Sulpice-le-Verdon et les Brouzils. Aucun fait important ne

(1) La tradition raporte qu'en 1789 au moment où les Chevigné quittèrent Bois-de-Chollet, l'un d'eux qui émigra offrit à son filleul Jean Chapleau de lui vendre les métairies du Cerizier, les Bruyères, la Sicaudais et la Grande Métairie pour 30.000 francs. Jean Chapleau ne disposait que 13.000 francs. Malgré cela Chevigné eut accepté la somme et le marché se fut conclu, mais le filleul refusa, craignant que les biens lui fussent repris plus tard. Jean Chapleau, retiré à Nantes, avait reçu en dépôt les papiers de son parrain, déposés dans une armoire. Le meuble fut trouvé dans un champ après la Révolution. Plus tard on brûla les papiers ; ainsi disparaissait ce qui eût contribué à écrire d'une façon complète l'histoire du Bois-de-Chollet (d'après M. Florent Chapleau).

En 1789, François Michel Dubocquois était curé de L'Hébergement. Il était né à Paris. Il prêta le serment constitutionnel, fut enfermé quelque temps à Montaigu et mourut à Nantes le 6 février 1794.

(2) « A cette branche se rattache, croyons-nous Chevigné (Aristide René Marie, vicomte de (né en 1801 décédé à Poitiers le 19 septembre 1882... Il habitait le château de Grosbert (Persac-Vienne). Marié le 14 octobre 1845 à Louise-Thérèse de Bouillé fille de Arthur Guillaume Parfait, comte de Bouillé et de Charlotte Agathe Zoé de Bonchamps ; 2° vers 1850 à Marie-Caroline-Alphonsine de Lestang, fille de François Pierre Isaac Charles et de Marie Rosalie Thomy du Chaffault dont il a eu : 1° René qui suit ; 2° Anne-Marie-Radégonde-Louise née en 1853, décédée le 25 avril 1805, Chevigné (René, vicomte de) capitaine au 119° de ligne a épousé le 26 mai 1887 Eléonore de Croy, fille du prince Georges de Croy » (BEAUCHET-FILLEAU).

ne s'y passa (1) quoique située contre Belleville où Charette
avait établi son camp général et Montaigu occupé par les soldats de la République.

Le 25 nivôse an II (12 janvier 1794), Joba, qui occupait
lesBrouzils,fut attaqué par les 1200 hommes deCharette. Après
quatre heures de combat, les Brigandsse retirent à Grala, puis,
délogés de la forêt, à travers champs, le Vendéens gagnent *le
Mortais* non sans se défendre opiniâtrément sur ce plateau qui
s'étend du village de la Sauvetrière, jusqu'au delà des landes
de Lallier et présente une légère déclivité au fond de laquelle
coule un ruisselet, le Tail. La brande, les ajoncs, les genêts, les
nombreux boqueteaux offrent un asile sûr, une retraite quasi
inexpugnable. Les deux troupes ennemies se heurtent en ligne
dans les Landes de *Corbejeau* où s'élève un moulin à vent.

De part et d'autre les pertes sont sérieuses, mais les Vendéens reculent. La cavalerie de Joba charge les fugitifs et en
tue ou fait prisonniers un grand nombre d'entre eux. Pendant
que Charette fuit par le long chemin de la Pierre-Plâte, un
détachement de Bleus suivant le sentier qui mène à l'Atrie aux
landes Violton et de Lallier détruit tout sur son passage. La
Convention, en effet, pour vaincre la révolte a décrété l'incen-
die méthodique de la Vendée et l'égorgement de ses habitants :
« Nous venon de resevoire de la Convantion, écrit un Bleu,
un ordre qui est bien triste qui est de parquourire toute la
Vendée et des gorge touse que nous trouverons homme, famme
enfan, sependant seuze qui ne son pas vraiman brigan, on le
choi de suivre larmée et de conduire touse a Nantes juqu'ase
que la Vandée soit fini et même les bestiau. » (ED. LOCKROY, *Une
Mission en Vendée en 1793*, p. 313)

La Sauvetrière, la Boninière sont incendiées ; seule Maleville doit à un de ses habitants, guide des armées républicaines, d'être épargnée : « C'est mon village qui se dresse là-

____

(1) René Charles Lusson, vicaire de Saint-Georges de Montaigu, qui fut pris
et fusillé à Noirmoutiers le 14 nivôse an II (3 janvier 1794), disait la messe
sous les Halles de L'Hébergement en 1793 *(Journal de voyage de Goupilleau).*

bas de l'autre côté du Tail, ne le brûlez pas ! » Et Maleville ne fut pas la proie des flammes. Pendant qu'une immense lueur d'un rouge sinistre éclaire cette froide nuit de janvier dont le silence est troublé par le crépitement de la fusillade, les compagnards effrayés abandonnent, avec leurs familles la maison que demain ils trouveront incendiée.

Ils se sauvent dans la direction de l'est vers les landes Violton et de Lallier où l'épais fourré les cache aux regards des Bleus. Femmes et enfants fuient protégés dans leur retraite par les Chouans *égapliés* (1) le long des haies d'où ils visent sûrement leurs ennemis et manquent rarement leur but. De nouveau, brigands et républicains se heurtent face à face dans le triangle formé par les landes de la *Herse*, en face de la Boninière qui fume étrangement. Des cadavres sont encore semés sur la lande, marquant aussi jusqu'aux bruyères de Lallier le passage des frères ennemis.

Là-bas, dans la brande, les fugitifs se sont glissés au plus épais du fourré, et, blottis contre terre, les enfants, les femmes frémissent quand les balles fauchent au-dessus de leurs têtes les grands genêts et les ajoncs presque séculaires. S'aventurer dans ce véritable maquis serait téméraire de la part des soldats de la République. Ce serait courir à une mort certaine, aussi se replient-ils sur le gros du détachement qui vient d'incendier la tuilerie des *Bonnins,* près de la Pierre-Plate.

Le lendemain au jour, quand le bruit lointain de la fusillade indique que les Bleus ont quitté les parages du Mortais, les réfugiés des landes de Lallier, revenant vers leurs villages encore fumants, ramassent les malheureuses victimes pour les inhumer, car, chez le Vendéen, le respect de la mort s'étend toujours à un ennemi. Et si pendant le cours de la guerre, il

(1) C'est à tort que les historiens ont confondu *égaplier* avec *égailler* et font dire aux chefs vendéens : « Egaillez-vous les gas ! » Le mot *égailler* n'a aucunement dans le Bocage la signification que lui ont donné ces écrivains. Il y a eu confusion, C'est *égaplier,* jeter d'un côté sur l'autre, sans ordre qu'il faut dire.

y eut d'affreuses mutilations, on peut assurer qu'elles furent commises par des brutes aveugles et à l'insu des grands chefs. La fusillade de la Herse avait coûté la vie à une cinquantaine de Blancs et Bleus. Fraternellement unis dans la mort, on étendit leurs corps sur du bois en *relaïe* (1), attendant le le moment où ils devaient être inhumés dans la cheintre du champ de la *Pointe*, à une centaine de mètres plus loin. Le sang, qui découlait de leurs blessures s'étant mélangé à l'eau stagnante du sentier formait une grande flaque rougie, dont le souvenir, cinquante an plus tard, faisait frémir les témoins oculaires de cette scène : « Ils avaient, disaient-ils, du sang jusqu'à la cheville ! »

Maintenant, par le grand chemin de la Copechagnière à L'Herbergement, la cavalerie de Joba retardée par les ornières poursuit Charette et ses partisans que les bois touffus et les vastes landes des *Dols* protègent sûrement. Puis, suivant l'ancienne voie romaine qui allait du Petit-Luc à *Durinum* (Saint-Georgesde Montaigu) les Vendéens atteignent les Forges et de là se dirigent par Saint-Christophe sur Grammont et Legé, toujours fuyant devant Joba.

(*Une page inédite de la Grande Guerre : Le Combat du Mortais par J. de la Chesnaye. Bleu de Vendée du 17 août 1902*).

Charette fut pris, comme on le sait dans le bois de la *Chabotterie*, tout près du village de la Chevasse.

Situé à 4 kilomètres environ de L'Herbergement, sur la route qui va de Montaigu à La Roche, la Chevasse qui compte une vingtaine de feux est entourée de nombreux bois, parmi lesquels celui de l'*Essart*, bien connu des chasseurs. C'est là qu'en 1796 se déroula un des dernies actes de cette grande tragédie qui ensanglanta la Vendée révoltée contre la Révolution. Charette voyant chaque jour le nombre de ses partisans diminuer malgré les efforts faits pour les retenir, traqué

(1) Branches de bois taillis ou têtards, mis en lignes pour le fagotage, aussitôt après qu'elles ont été abattues ou émondées.

de toutes parts par les Bleus l'enserrant comme dans un cercle de fer cherche son salut dans l'épaisseur dés bois. Trois semaines avant de tomber aux mains des Républicains, il s'enfonce dans le bois de l'Essart, où se trouvent des charbonniers. Ceux-ci, partisans du général vendéen au début de la révolte mollissent maintenant que l'étoile du chef pâlit. Cependant si certains d'entre eux auxquels nous pourrions donner un nom se détachent de celui qui les mena si souvent au combat, ils n'ont guère de tendresses pour les Bleus. Ils veulent avant tout vivre tranquilles au milieu de ces bois où ils passent la plus grande partie de leur existence sous des huttes sommairement meublées. Une paillasse, une couette leur servent de lit. Dans un coin quelques casseroles forment la batterie de cuisine. Et plus loin dans un fourré où l'on ne peut arriver qu'en rampant un coffre, enfoui dans la terre contient la provision de blé qu'à tout prix, il faut cacher aux regards des Chouans et des Bleus. Les chemins sont infestés de Brigands : de temps à autre, on entend le coup de feu d'un soldat de la République, aussi serait-il folie de s'éloigner de la charbonnière. D'ailleurs les moulins sont démantelés et le feu a achevé l'œuvre des balles. Il faut donc songer à écraser le grain soi-même par les procédés les plus primitifs.

Or un jour, c'était disons-nous, trois semaines avant la prise de Charette, l'annonce de l'arrivée des Bleus se répand comme une traînée de poudre. Ils entourent le bois de l'Essart comptant y trouver le *Chef*. Nos charbonniers à la hâte saisissent couettes et paillasses et les fourneaux embrasés consument en un instant ces couches qui eussent rendu suspects leurs propriétaires. Le général, une fois encore, réussit à glisser entre les mains de ses ennemis. Mais de plus en plus ses partisans l'abandonnaient. Et quand, cerné de toutes parts, il fut pris dans le bois de la *Chabotterie* à deux pas de celui de l'Essart, il n'avait plus que deux de ses fidèles avec lui. Ainsi se trouvait justifiée la prédiction de d'Elbée vaincu à Noirmou tiers : « Charrette et Cathelineau succomberont comme moi parce que leurs soldats cesseront de leur obéir. »

Si l'on croit les vieilles gens, c'est dans une *bouillée* de noisetiers que le général vendéen fut pris. Tout près, à l'orée du bois s'élève une croix vermoulue, dite *Croix de Charette*, formée d'un vieux chêne auquel on a adopté une traverse horizontale. L'année dernière (1), quand nous le visitâmes, le calvaire courtellé çà et là de médailles, avait encore au pied une statuette de la Vierge. Depuis les médailles se sont détachées du bois vermoulu, une main pieuse a enlevé la madone et la croix de plus en plus se dresse branlante comme les convictions royalistes de ce coin de notre Vendée.

Les habitants de L'Herbergement semblent avoir embrassé les idées de la Révolution. *Pierre Echasseriau* était guide des armées républicaines (2) et *Mathurin Chapeleau* (3), agent national de la République ainsi qu'en témoigne le document suivant que nous donnons en entier, tout en respectant scrupuleusement l'orthographe.

Liberté, Egalité, Fraternité

Mémoire desperte de Maturin Chapeleau agent nasional de la comune de *Lerbergement Antière* ayant presque tout perdu, ayant demure cheluis pandan lespasse dunan an surveliance parmis les *Brigant* pour faire passe des renssenement auxtant quel luy etet possible aux comandan de la place de *Montegu*, ce qu'ils nat james negligé pour lavantage de *Larespublique* ce qui fait qu'il nat james auzé rien deplace de chelui Et *larmé du nors* arrivant cheluy a partis avec èle pour se rendre à Montégu, lieu de son refuge luy sa famme et quatre anfan (4) :

---

(1) Ces lignes ont été écrites en 1899. Voir dans la *France de Bordeaux* du 28 avril, le *Petit Phare* et la *Gazette de l'Ouest*, la Croix de Charette, par J. de la Chesnaye.

(2) Actes de décès de la ville de Montaigu (13 vendémiaire, an VIII). Papiers de Mme Echasserieau.

(3) Mathurin Chapeleau naquit le 5 mai 1734 au village de l'Erbretière, paroisse de Saint-Denis la Chevasse, et fut baptisé le même jour par Jacques Gouin, curé de Saint-Sulpice-le-Verdon (*Papiers de M. Amand Boussonnière*).

(4) *Papiers de M. Amand Boussonnière.*

premièrement un lit avec sa garniture, estimé . . . 200 #

plus-quatre linsus (linceuls), estimé. . . . . . 60 #

plus saise dras, estimé. . . . . 180 #

plus douse nape, estimé. . . . . 60 #

plus troy douzaine de serviete, estimé . . . . . 72 #

plus écuimin et torchon troy douzaine et demis, estimé. 30 #

plus deux douzaine et demis de chemise, estimé. . . 100 #

plus quatre vingt dix douzaine de lain, estimé. . . 120 #

plus douze boisos de graine de lain tant dyver que dété

    estimé. . . . . 84 #

plus une poile alessivé (lessiveuse), estimé. . . . 130 #

plus deux écieu defer et l'un pesant sent vingt livre,

    l'autre quatre vingt livre avec chacun deux brandis

    quatres festeau et deux zé, estimé le tout ensem-

    ble . . . .

plus un gran miroir, estimé. . . . . 12 #

plus un armoire ouvrant à quatre batan deux tiroirs

    estimé. . . . . 120 #

plus un marchepié avecque une tente fermant à clef,

    estimé. . . . . 35 #

plus une met (petrin) a boulangé, estimé. . . . . 18 #

plus deux table. . . . . 42 #

plus deux (ici une dichirure); une brouette à rous un

    essieu de charete, deux grande quenouille de portal

    pésent environ trante saint livre avec outis de ton-

    nelié et otre outis de menuisié et plusieu otre outis

    servent à la culture de la taire, estimé le tout an-

    semble. . . . . 120 #

plus un coffre ferment à clef, estimé. . . . . . 20 #

plus planche de chêne et limande an chêne serisié (ce-

    risier) alise et cormié, estimé. . . . . . . 310 #

Ici s'arrête le mémoire de « l'agent national » Mathurin Chapleau. Il ne porte aucune date. Cependant tout semble indiquer qu'il fut écrit après la prise de Charette, c'est-à-dire vers 1797. Les Brigands qui accompagnaient le *Chef* ne furent pas sans percer à jour les manœuvres du patriote hébergementais, travaillant pendant un an pour la République. Aussi leur haine contre Chapeleau ne se fut-elle assouvie que dans le sang si celui-ci n'eût jugé prudent de se retirer à Montaigu. Il abandonna donc sa maison et ne revint à L'Herbergement sans doute qu'à la pacification. Il constata qu'en son absence les Chouans avaient fait main basse sur une grande partie de son bien et c'est l'inventaire des pertes subies qu'il relate dans le mémoire que nous avons reproduit plus haut. Le nom de ce serviteur de la République, dont les descendants existent encore méritait d'être sauvé de l'oubli. Il était de ces modestes mais précieux auxilaires des Bleus qui, par leurs renseignements décidèrent souvent de la victoire dans les rangs républicains. Leur tâche était périlleuse et la vindicte des Brigands sans merci. La faux ou la serpe eût rempli auprès de ces patriotes l'office du couperet de Samson s'ils fussent tombés entre les mains de leurs ennemis : les *Marche à terre* et les *Pille Miche* d'Honoré de Balzac ont eu, en effet, de nombreux imitateurs dans notre contrée.

Le 7 mai 1795, Mathurin Chapeleau fit le rencensement de la population de l'Herbergement. Cette pièce, malheureusement, est en partie déchirée ; toutefois nous donnerons ci-dessous ce qui en a été conservé (1) :

Etat de la population de la commune de l'Herbergement l'an troisième de la République fransaise et indivisible :

Premièrement Jean Chapeleau veuve ; la veuve Renée Chapeleau et un garson ; la veuve Boudeau, troy garson, un domestique ; Souchet garson et sa sœur ; la veuve Chalons ; la veuve Drouin ; Jaqué Volard et sa femme ; Louis Drouin veuve et sa seure fille ; Louis Barengé, sa femme, un garson ; La Cofin et deux fille ; la veuve Baudris et son fils veuf aussi et

______

(1) *Papiers de M. Amand Boussonnière.*

son domestique veuf ; Etienne Sauvaget et sa famme, deux filles ; Pierre Douliard et sa famme un garson ; Pierre Moquet et sa fame ; deux garson et deux fille ; la nomé Baré veuve, un garson ; la veuve Baré un garson et troy fille ; la nomé Gilet veuve et sa fille ; Jozet Sélie et sa famme deux garson et deux fille ; la veuve Saunet et son fils et deux fille ; Marianne Minet ; la veuve Airaud troy garson, une fille ; Pierre Biret et sa femme, quatre garson une fille ; la veuve Biret et sa fille ; François Fresneau sa famme et Jeanne Drouin fille ; la veuve Fraineau ; les 4 Martine fille ; la veuve Chalons et son fils et sa famme et un petit garson et une fille ; la veuve Séjourné et sa sœur fille ; les deux Calion cousin, garson et troy fille aussi cousine ; les deux Drouine fille ; laveugle Protèle fille ; la veuve Babinot et deux garson ; Fransois Richard et sa famme et un garson ; Priou deux garson une fille et la veuve Giraud et un garson ; les Savard troy garson et troy fille ; la veuve Douliard et son gendre et la Prinne et un petit garson ; Orience sa famme et sa belle sœur fille et un garson et une fille ; Jean Maliard veuve un garson et une fille ; la veuve Fournier deux garson et deux fille ; la veuve Sorin et sa fille ; Joiaux du (*sic*) garson, une fille...... »

Comme on le voit, la Grande guerre avait fait des veuves et des orphelins !

Pour terminer ce travail, nous donnerons ci-dessous d'après les communications de M. Mignen et nos recherches personnelles la situation des biens du Bois-de-Chollet pendant et après la Révolution :

Métairie de la Boucherie (Saint-Sulpice-le-Verdon). Par arrêté de l'Administration centrale du 28 Thermidor an V, il est fait main-levée du sequestre au profit des mineurs de Chevigné (Chevigné de la Grassière était mort pendant les guerres de Vendée) (M. Mignen). La métairie des *Chaussées* fut affermée à Jean Chapleau dans l'an VI pour 220 livres. La *Bedoutière* (borderie) fut affermée en l'an VI à Jean Perraudeau pour 340 livres et La *Bedoutière* à Jean Charrier du Chaillou des Brouzils pour 580 livres.

La borderie de la *Pichetière* d'après « l'acte de première séance d'enchère et d'adjudication définitive .., provenant du partage du treize fructidor an VI entre la République aux droits des trois frères Charles, Louis et Gabriel *Degoué* (sic) *émigrés* et les citoyennes *Degoué* présentes » fut achetée le 27 pluviôse an VII par le citoyen Jean Chapleau pour la somme de 485 francs (1).

Par acte notarié du 19 avril 1806, André Delaunay, avocat avoué près le tribunal civil de 1ʳᵉ instance de Nantes, fondé de pouvoirs de Augustine Louise Françoise Gabrielle de Chevigné, veuve de M. Louis Joseph Daymard Dabby de Chateau-Renard, brigardier des armées vendit à Pierre Echasserieau et Donatien Baritaud de l'Herbergement la métairie de la Pichetière pour 12.200 f. (Poisson notaire à Doulon, Branger notaire à Nantes.)

(Papiers de M. Echasserieau).

Héritiers de Chevigné émigrés maison principale, borderie et métairie de la Bedoutière et de la métairie du *Plessis-Valin.* Ce dernier domaine a été vendu le 2 floréal an VI au citoyen Jean Chapleau des Brouzils, moyennant 32. 700 francs. La mise à prix était 3.975.

Les autres ont été vendus, le 2 floréal an VI au citoyen Gillaizeau de Boufferé, moyennant 231.100 francs. La mise à prix était de 10.775 francs. (M. Mignen)

Héritiers de Chevigné du Bois-de-Chollet, décédé en 1794 laissant 6 enfants ; métairie du *Cerizier* en les Brouzils, la *Pichetière*

---

(1) L'acte passé à Fontenay-le-Peuple porte « les trois frères Charles, Louis et Gabriel Degoué émigrés et les citoyennes Degoué présentes » comme propriétaires de la Pichetière (*Papiers de M. F. Chapleau*). D'autre part par exploit de Mᵉ François Chapeleau huissier public, à la date du 7 août 1806, agissant à la requête de dame *Augustine-Françoise-Gabrielle Chevigné* veuve de M. Louis Joseph Daymard D'Abby de Chateaurenard brigadier des armées fut signifié le congé, pour la saint Georges 1807 de J. Gatoil fermier de la Pichetière appartenant à la dite dame (*Papiers de Mᵐᵉ Echasserieau*). Comment le domaine passa-t-il des De Goué (J. Chapleau avait renoncé à son achat) aux mains de Gabrielle de Chevigné ? Nous n'avons pu le savoir.

et la *Fraizière*. La mère de ces émigrés a été autorisée à toucher pour son douaire le 1/3 du revenu depuis le 5 brumaire an VIII pas arrêté du département 25 floréal an VIII. Par arrêté du 6 germinal an X, main-levée du sequestre a été faite aux héritiers fondés pour les $\frac{5}{6}$ dans la succession de *René de Chevigné* leur père décédé le 24 pluviôse an II. En vertu de l'arrêté du Préfet du 6 germinal, an X, il est resté 15 boisselées sous sequestre par représentation d'*Hillarion François de Chevigné*, Amnistié le 11 thermidor an X, main-levée du sequestre.

Le *château*, pourpris, portion de la pièce joignant la *Grande Métairie* et la *borderie* du Bois-de-Chollet appartenant aux héritiers de Chevigné du Bois-de-Chollet décédé le 24 pluviôse an II à Nantes, émigrés.

Observation. — La mère de ces émigrés avait droit au 1/3 des jouissances de cette terre pour son douaire (arrêté du Préfet en date du 6 germinal an X, qui donne main-levée du sequestre sur les $\frac{5}{6}$ de cette succession). Le domaine reste affecté au dernier $\frac{1}{6}$ revenant au Gouvernement par l'inscription d'Hillarion-François Chevigné ex-prêtre inscrit sur la liste des émigrés (Amnistié du 11 thermidor an X main-levevée du sequestre sur le $\frac{1}{6}$ réservée (Arrêté du Préfet, 19 fructidor an X).

Métairie de la *Guerche* et de la *Sicaudais*, la *Grande Métairie*, métairie de l'*Eviaud* de *Bruyères*, des *Chaussées*, les *Halles* situées au bourg de L'Herbergement, tous domaines appartenant aux héritiers de Chevigné *émigrés*, au profit desquels main-levée du sequestre fut donnée par arrêté du préfet du 6 germinal an X) (id.)

Le 25 février 1806, Dame Augustine Louise Françoise Gabrielle de Chevigné veuve Châteaurenard, donna sa procuration à M. André Délaunay, avocat avoué près le tribunal civil de Nantes pour la vente de la *Grande Métairie*

LE CHATEAU DE BOIS-CHOLLET

achetée par MM. Touzeau, Hilaireau, Coumailleau et sa femme (1).

La métairie de la *Sicaudais* fut acquise de la Veuve Château-renard par Antoine Tortat avoué-licencié et maire de la Ville de Bourbon-Vendée (2).

L'un des 3 *moulins banaux* de L'Herbergement s'élevait à l'intersection des routes de la Roche et de Saint-Sulpice-le-Verdon, sur l'emplacement même de la maison de M. Armand Grasset. Le *four banal* et son fournil « confrontaient au levant à la rue qui va des Brouzils aux Halles, du midi et du couchant aux héritiers Prou, du nord au domaine de M. Bossu. » Il fut vendu par Louis Touzeau à Pierre Echassérieau pour la pour la somme de 250 francs (5 mai 1827) (3).

« Le *château* de Bois-Cholet qui avait été brûlé, fut reconstruit en 1820 par les soins de l'acquéreur Jean Touzeau (4). En creusant les fondations, on retrouva les assises des deux autres bâtiments antérieurs. Le premier était sans doute l'œuvre de l'ancienne famille de Cholet, et avait dû être ruiné dans les guerres de religion du XVIᵉ siècle, puis réparé tant bien que mal. Le second datait du XVIIIᶜ siècle, et avait été construit par les Chevigné. On peut juger de son architecture par celle d'un des deux pavillons de la cour, échappé aux ravages de la guerre vendéenne, qui est bien autrement élégante que la restauration bourgeoise moderne. Au-dessus de la porte d'entrée, surmontée encore d'une pierre blasonnée, se

---

(1) Acte de Benoît Sicard, notaire à Larroquetimbault (Lot-et-Garonne) (*Papiers de Mᵐᵉ Echasserieau*).

(2) Acte du 29 mai 1816 Sicard notaire à Larroquetimbault (Lot-et-Garonne), *Papiers de Mᵐᵉ Echasserieau.*

(3) Acte du 5 mai 1827, Sicard notaire à Larroquetimbault (Lot-et-Garonne) *Papiers de Mᵐᵉ Echasserieau.*

(4) Dans un acte du 12 mars 1792, il est qualifié « homme de loix (*sic*), juge de paix du canton des Brouzils ». Il habitait *les Forges*, paroisse de Saint-Sulpice-de-Verdon (*Papiers de M. A. Boussonnière*) Jean et Louis Touzeau étaient fils de « noble homme René Touzeau fermier de la maison noble de la Begaudière, y demeurant, paroisse de Saint-Sulpice le Verdon » (*Papiers de Mᵐᵉ Dabreteau*).

trouvait autrefois un balcon circulaire en pierre sculptée, qui servait, dit-on, de chaire au ministre protestant. C'était là que se faisait le prêche au beau temps. On lit sur une croisée de ce pavillon donnant sur la douve et surmontée d'une petite croix, la date *1744* qui coïncide parfaitement avec son style, mais ne cadre guère avec l'usage de ce balcon. Entre les deux pavillons formant le parallèle aux deux coins de la cour, se trouvait le pont-levis jeté sur la douve du château. De chaque côté étaient posés deux énormes lions sculptés en pierre, comme une sorte de simulâcre pour en défendre l'approche » (Dugast-Matifeux.)

Après les frères Touzeau, le château du Bois-de-Chollet, fut la propriété de la famille Savin. Acquis par Madame Buet, il appartient aujourd'hui à M. le Dr Georges Gouraud, de Nantes, qui l'a reçu en héritage de sa tante.

(FIN)